21世紀を生き抜く3＋1の力

株式会社チェンジウェーブ代表
佐々木裕子
Sasaki Hiroko

Discover

「あのう、わたくし、
ここからどの道を行けばいいか、
教えていただきたいんですけど」

「そりゃ、あんたが
どこへ行きたいかによるわな」
と、ネコのこたえだ。

「どこだっていいんですけど——」
「そんなら、どの道だってかまわんだろ」
「——どっかへ行きつけさえすればね」

アリスはいいそえると、ネコはネコで、

「あ、そりゃ行きつけらあ。
ちゃんと歩きつづけて行きさえすりゃあね。
君が立つ地面はほら、
三六〇度すべて道なんだ。」

——不思議の国のアリスより

二〇五〇年、あなたは何歳ですか？
あなたの子どもは、何歳でしょうか？
そのとき、世の中はどうなっているでしょうか？
そのときまでに、あなたは、何を成し遂げ、
どんな生き方をしていたいですか？

はじめに
「未来に左右される道」と「未来を切り開く道」

私が生まれた一九七三年（昭和四八年）は、日本が20世紀の最後の四半世紀を迎えようとしていたときでした。

まさに「第二次ベビーブーム」の当たり年で、私の地元である愛知県の片田舎の小さな町にも九つの小学校があり、同じ学年に四〇人の生徒がいるクラスが五クラスあり、近所には毎日路上で遊ぶ子どもたちの声が響いていました。

中小企業で営業を担当していた私の父は、毎日帰りの遅い典型的な「仕事一筋」のサラリーマンで、専業主婦の母は、毎朝スーパーのチラシをチェックし、一円の安さを求めて毎日違うスーパーの目玉商品を買いに走り、節約しながらも美味しい手料理をつくってくれていました。

我が家の居間の真ん中にはチャンネル式の古いテレビが置いてあり、小学校から帰るとすぐにテレビのチャンネルを回して、母が夕飯の準備をしている間に大好きなアニメを見るのが私の日課でした。そのアニメ番組の合間には、「21世紀は僕らの出番〜♪」と子どもたちが歌う伊藤ハムのCMが毎回流れていました。

私は子どもながらに、そのCMが流れるたびに、「そうかあ、21世紀は自分たちが活躍する時代なんだ……どんな世の中になるんだろうなあ……」などと、想像力を掻き立てられていたものでした。

「ねえ、21世紀ってどうなるのかな?」と、母に尋ねると、母はいつもこう言っていました。

「そうねえ、まあ、あなたは〈自分で生き抜く力〉を身につけなきゃいけないかもね」

当時もいまも経済社会動向にはまったく関心のない中卒の母が、なぜ私にそう言ったのかは定かではありません。同級生の両親よりも一回り上の自分たちが万が一いなくなっても、一人娘がちゃんと生きていけるように、という純粋な想いだったのだろうとも思います。

当時の私は、それに対して「ふーん、そうかあ」なんて、分からないのに分かった振りをしていたような気がします。

それから数十年経った現在。21世紀の最初の一〇年が過ぎ、少子化が進む中で、日本の人口は減少に転じました。小学校の閉校・統合は当たり前に続出し、子どもたちは、路上で遊ぶ代わりに家でゲームをするようになりました。

中小企業を定年退職した父は、独立して企業研修講師の仕事をしながら、あまり体調のよくない母の代わりに家事を担当するようになりました。

我が家の居間の真ん中には液晶テレビがあり、そのリモコンでTVの画面を替えて遊ぶのが、私の一歳の娘の日課になっています。

母が私を産んだときとまったく同じ年齢で、同じく一人娘を産んだ私は、当時の母が何を思っていたのか、よく想像するようになりました。

私は母親として、娘の未来に何を残してあげられるだろうか？

彼女が大人になったとき、世の中はどうなっていて、そのとき彼女が自分で幸せをつかむためには、どのような力や考え方を身につけておく必要があるのだろうか？

彼女には、どんな未来になっても、たくましく生きていってほしい。どんな荒波にもまれようと、生き抜く力をもち続けてほしい。

そう考え始めると、「変革屋」として企業の人材育成に携わってきた自分と、「ひとりの母親」としての自分が交差し始めます。

これからの時代の人材には、いったい何が求められていくのだろうか？

たとえば、21世紀とはどんな時代で、その時代を生き抜く力とはいったい何なのだろう？

それはなぜ必要なのか？　それを身につけるためには何が重要なのか？

本書は、その問いに対する答えを考え始めた私が、現時点で入手できる将来予測データと、「変革屋」として見聞きしている「変化の兆し」をつき合わせながら、いまの時点の自分の答えを、改めてまとめてみたものです。

数十年後の未来が本当のところ、どうなるかは、もちろん誰にも分かりません。本書に書かれていることがすべてできるようになれば、絶対に誰でも必ず21世紀を生き抜いていける、という確実な証拠があるわけでもありません。これが「正解」であり「成功法である」と申し上げるつもりは毛頭ありません。

ただ、人口構造の変化、IT・技術革新といった「世界中を巻き込んで発生している大きな流れ」は間違いなくやってくる。その流れの先にある姿を理解したうえで、私たち一人ひとりが、「21世紀を生き抜く力とは何か」を自分たちで考え、答えを出し続けていくこと――それこそが、「未来に左右される道」を行くか、「未来を切り開く道」を行くかの違いにつながるのではないかと思うのです。

本書を読まれた方々が、ここに書かれている「ひとつの考察」をきっかけに、ご自身で改めて「21世紀を生き抜く力」について考え、自分なりのやり方で実践されること。そしてそれが相乗効果や化学反応となって、企業も個人も、大人も子どもも、老いも若きも、男性も女性も、誰もがご自身で決めた「未来を切り開く道」を進んでいく……そんな素敵な世の中になっていくことを、心から願ってやみません。

二〇一四年　五月　　株式会社チェンジウェーブ　代表　佐々木裕子

21世紀を
生き抜く
3+1の力

もくじ

2

21世紀スキルの始め方

第一章

21世紀とはどういう時代なのか？

2050年の世界

たとえば二〇五〇年。いまから三六年後。


あなたは何歳ですか?

あなたの子どもは、何歳でしょうか?

そのとき、世の中はどうなっているでしょうか?

そのときまでに、あなたは、何を成し遂げ、どんな生き方をしていたいですか?


21世紀は激動の時代になるといわれています。

あまりにも変化が激しい不確実な未来を見通すことは簡単ではありません。

一週間後の天気さえも予測するのが難しいのに、三六年後の世界など、遠い未来のSFの世界だと思われる方もいらっしゃるかもしれません。

一方、ある経営者の方は、激動の時代に〈先を見通す難しさ〉について、こうおっしゃっていました。


「変化の激しい時代だからこそ、二年後、五年後という短期・中期のほうが予測が難しい。比較的長期の構造変化は、大きな流れが根底にあるので、ある程度の範囲で想定できる。**近くばかりを見ていると船酔いする。なるべく遠くを見ていたほうがよい」**

激動の21世紀を生き抜いていくためには、「このままいくと、世の中はどう変わるのか」ということを、少なくとも大きな流れからとらえておく必要があります。

たとえば、日本の人口は減少し、地方の過疎化は急速に進み、未曾有の高齢化社会になる。

たとえば、テクノロジー革新は、教育や働き方も含め、世の中のこれまでの枠組みを大きく刷新する可能性がある。

――きっと誰しもがぼんやりとは理解している、これらの大きな流れ。

でもこの大きな流れの先にある「未来の姿」を、私たちはどこまで鮮明にイメージできているのでしょうか?

試しに、次の六つの文章に数字や名前を入れてみたら、どんな世界が見えるでしょうか？

①二〇五〇年の世界人口は、（　　）人（つまり、現人口の（　　）倍）。もっとも人口成長の著しい地域は、（　　）と（　　）。

②二〇五〇年の日本の人口は、推計で（　　）万人。日本は（　　）よりも人口の少ない国になり、ＧＤＰは中国、インドの（　　）分の一未満になる。

③二〇五〇年の日本の総人口の平均年齢は、（　　）歳。人口の（　　）割が六五歳以上の国になる。

④二〇五〇年までに、日本の現居住地域の（　　）％が「人の住まない土地」となり、（　　）％の地域で人口が半減。人口の（　　）割は「おひとりさま」になる。

⑤二〇一〇年に一秒でダウンロードできたのは、新聞四分の一日分。
二〇五〇年には、一秒で新聞　　分をダウンロードできるようになる。

⑥「二〇一一年に小学校に入学した子どもの　　%は、いまはまだない職業に就くだろう」——デューク大学　キャシー・デイビッドソン教授

それでは、この六つの項目の答えを示しつつ、みなさんといっしょに、二〇五〇年の「未来」を想像する旅を始めたいと思います。

1　二〇五〇年の世界と日本

「若者人口が減少している社会においては、技術や経済厚生だけでなく、知的な活動や芸術面の停滞が生ずることによって、社会が危険なまでに進歩しなくなることが起こり得ると予想される」

――「王立人口問題委員会報告」　イギリス　一九四九年

二〇五〇年X月X日

今日は私の六〇歳の誕生日。

昔は「還暦」といえば、「リタイア」できる幸せな年齢だったようだが、私にとってはいつもと変わらない一日。実際、今日も三つの面接がある。

前の会社は、母親の介護をしなくてはならなくなったので、二年前に退職した。会社の定年は七〇歳なので、やろうと思えばあと一〇年は働けたと思うが、しかたがない。

もちろん、最初は専門家に頼むことも考えて介護ヘルパーさんを探したけれど、母の住む田舎は人がどんどん減って高齢者ばかりになってきているので、通ってくれるヘルパーさんを探すのは至難の業だった。実際、六〇歳くらいの若い人を頼もうと思うと、移動時間が一時間以上かかる人しか見つからない。

妻にも相談したが、私よりも妻のほうが稼ぎがいいので、結局自分が会社を辞めて介護することに決めた。一年半の介護生活の後、母は眠るように他界した。九六歳だった。

母を看取り、東京に戻り、半年前から仕事探しを始めたが、どの面接にも私と同じ六〇代と、少し若い五〇代の層が殺到しているらしい。

みな、家庭では介護問題を抱え、仕事では「デキる外国人や若い人たち」が重宝される中、ますます少なくなる「日本人ミドルシニアの仕事」を巡って熾烈な戦いに直面している。

そして誰もが、毎年後倒しされる「年金がもらえる年齢」になるまで、まだかなりの時間働かなきゃならない。

一方、国内の景気は相変わらずぱっとしない。そこかしこで人口は減り続けているわけだから、当たり前といえば当たり前だ。ちょっと昔に急増した「海外勤務求人ブーム」も、結局現地の人材のほうが優秀で若くてコストが低いというので、あっという間に消えていった。

こんなご時世、そう簡単に仕事は見つからない。

学生のころ、「グローバル人材になるんだ」と言って、海外に飛び出していった輩はたくさんいたけど、あいつら、いまどうしてるんだろう？

そういえば昨日、またひとつ小学校が閉校して老人ホームに改装されることになったらしい。老人ホームもまだ供給不足で、いまや一〇年待ち、二〇年待ちというところも珍しくない。

母もそうだったが、八〇を超えてひとり暮らしというのは、本当に孤独だし、生活もままならないことが多い。多少気を遣わなきゃならなくても、ホームに入って誰かと共同生活したいと、みなが思っている。

新しくできる老人ホーム、いつから予約できるか、今日中に問い合わせをしておこう……。

一〇億人の「成長国」vs一億人の「成熟国」

1 二〇五〇年の世界人口は九六億人（つまり、現人口の一・四倍）。もっとも人口成長の著しい地域は、アフリカとインド。

私のマッキンゼーでの最初の鮮烈な記憶は、入社直後に上海で受けた一週間の新入社員研修でした。

参加者はインド、韓国、マレーシア、シンガポール、香港、北京、上海、そして東京のオフィスで採用された新入社員たち。

プロジェクトはどうやって始まるのか、上司とのミーティングにはどう準備するのか、難しいクライアントとの打ち合わせをどう乗り切るか、チームで効率的に議論するにはどうするのか……。コンサルティング業務のイロハを、実践さながらに学ぶ研修です。

英語で話すことさえ当時はほぼ初めてだった私は、やらなければならないロールプレイもできず、言いたいこともきちんと言えない、まさに「チームの落ちこぼれ」でした。自分でもそれが痛いほど分かっていて、毎日自己嫌悪に陥りながら、文字通り「涙にくれる」研修の日々を過ごしたわけです。

なんとか踏ん張って耐え続けた最終日。懇親会の途中で、北京から来た中国人の女の子が、ふと私にこう言いました。

「あなたはいいわね。たった一億人の中で競争してるんでしょ。私はこれまで一〇億人の中で競争してきたし、これからも競争していかなきゃならないっていうのに」

彼女は中国の田舎の州の出身ながら、北京大学を卒業し、そのあと米国のプリンストン大学に二年留学して物理学の修士号を取得した、いわゆる「才媛」でした。英語は完璧。自分の確固たる意見をいつももっていて、非常に論理的に議論を引っ張ってくれる。休憩時間には常に「ウォールストリートジャーナル」を持ち歩き、端から端まで読んで、内外情勢に関する情報のインプットを欠かさない。

「一五歳まで家に電気はなかったけれど、二〇歳のときに携帯とインターネットが同時にやってきた」と語っていた彼女。

さまざまな「格差」を抱えながら急成長を続ける中国では、大学のクラスにしても、マッキンゼーの新人研修にしても、一〇億人全員にチャンスがあるわけではない。そのチャンスを勝ち取るためには、並々ならぬ努力がいる。

自分が懸命に努力して熾烈な競争を勝ち抜いてきたのなら、勝ち得た「貴重な機会」に対して一二〇％真剣勝負で向き合うのは当然のこと。

――そんな彼女からすると、英語もロクに話せず、意見もロクに言えず、世界情勢のこともロクに知らず、そんな自分に萎縮し落ち込んでいるだけの当時の私のような人間が、自分と同じ場所で同じキャリアを歩み始めていることに、どうしても納得がいかなかったのでしょう。

二〇〇一年当時は、北京オリンピックもまだ決まっていないころです。中国はまだ「世界の工場」としてのイメージはあっても、「世界の大国」というイメージからはほど遠い存在でした。当時の私たちは、中国を「ポテンシャルのあるアジアの途上国のひとつ」くらいの位置づけで見ていたのです。

そんな中国のイメージしかなかった私にとって、彼女からのひとことは頭をガーンと殴られたくらいの衝撃でした。


プロ意識が圧倒的に違う。

ハングリー精神が違う。

「見ているもの」「見ている先」も違う。


「受けなさいと言われた研修」にとりあえず来て、自分の能力が足りずに落ち込んでいる自分と、「自分の目指すところに向かって、ここから一歩を踏み出すのだ」と万全の準備をして臨んでいる彼女との違い。

急成長する一〇億人の国で熾烈な勝負をし続けている人というのは、こういう人々なのか……と圧倒的な彼我の差を痛感した「事件」でした。

台頭する「若くて巨大な人口大国」

翻って21世紀の「世界」と「日本」の関係を考えると、このときの「中国人の彼女」と「日本人の私」との差が、さらに急激に開いていくような一〇〇年、といっても過言ではありません。

なぜなら、**21世紀は、世界にとっては「人口急増」の世紀ですが、日本にとっては真逆の「人口急減」の世紀**だからです。

この「人口急増」の震源地はどこかというと、女性一人あたり五名前後の子どもを産み続けているインド、アフリカ地域です。

たとえば、二〇五〇年の世界人口トップ一〇はどうなっているのでしょうか?

「20世紀の先進国」で二〇五〇年の人口大国上位一〇か国に残っているのは、移民の国アメリカだけです。第一位は中国に代わってインド。他の顔ぶれを見ると、トップ一五ヵ国の中にナイジェリア、コンゴ、エチオピア、タンザニア、エジプトというアフリカ五ヵ国がランクインする世界になります。

世界の人口上位国

2010年　　2050年　（単位：100万人）

	2010年			2050年	
1	中国	1,341	1	インド	1,692
2	インド	1,225	2	中国	1,296
3	米国	310	3	米国	403
4	インドネシア	240	4	ナイジェリア	390
5	ブラジル	195	5	インドネシア	293
6	パキスタン	174	6	パキスタン	275
7	ナイジェリア	158	7	ブラジル	223
8	バングラデシュ	149	8	バングラデシュ	194
9	ロシア	143	9	フィリピン	155
10	日本	128	10	コンゴ民主共和国	149
11	メキシコ	113	11	エチオピア	145
12	フィリピン	93	12	メキシコ	144
13	ベトナム	88	13	タンザニア	138
14	エチオピア	83	14	ロシア	126
15	ドイツ	82	15	エジプト	123
16	エジプト	81	16	ベトナム	104
17	イラン	74	17	日本	97
	世界計	6,896		世界計	9,306

（資料）日本は社会保障・人口問題研究所中位推計（2012）その他は国連中位推計（2010）

長期的にアフリカ諸国やインドが注目されているのは、人口規模と成長スピードだけでなく、その人口の「若さ」です。

「二〇四〇年には、ほとんどのアフリカ諸国が中産階級の国になる。そしてアフリカ大陸は、地球上でもっとも巨大で、もっとも若い労働人口を抱える大陸になる」

——国連アフリカ経済委員会
カルロス・ロペス事務局長

二〇一二年時点で、アフリカ全土の人口は一〇億人を超えていますが、この人口の八五％は四五歳未満。平均年齢は、なんと一九・七歳（！）です。

世界人口の推移 1750~2050年

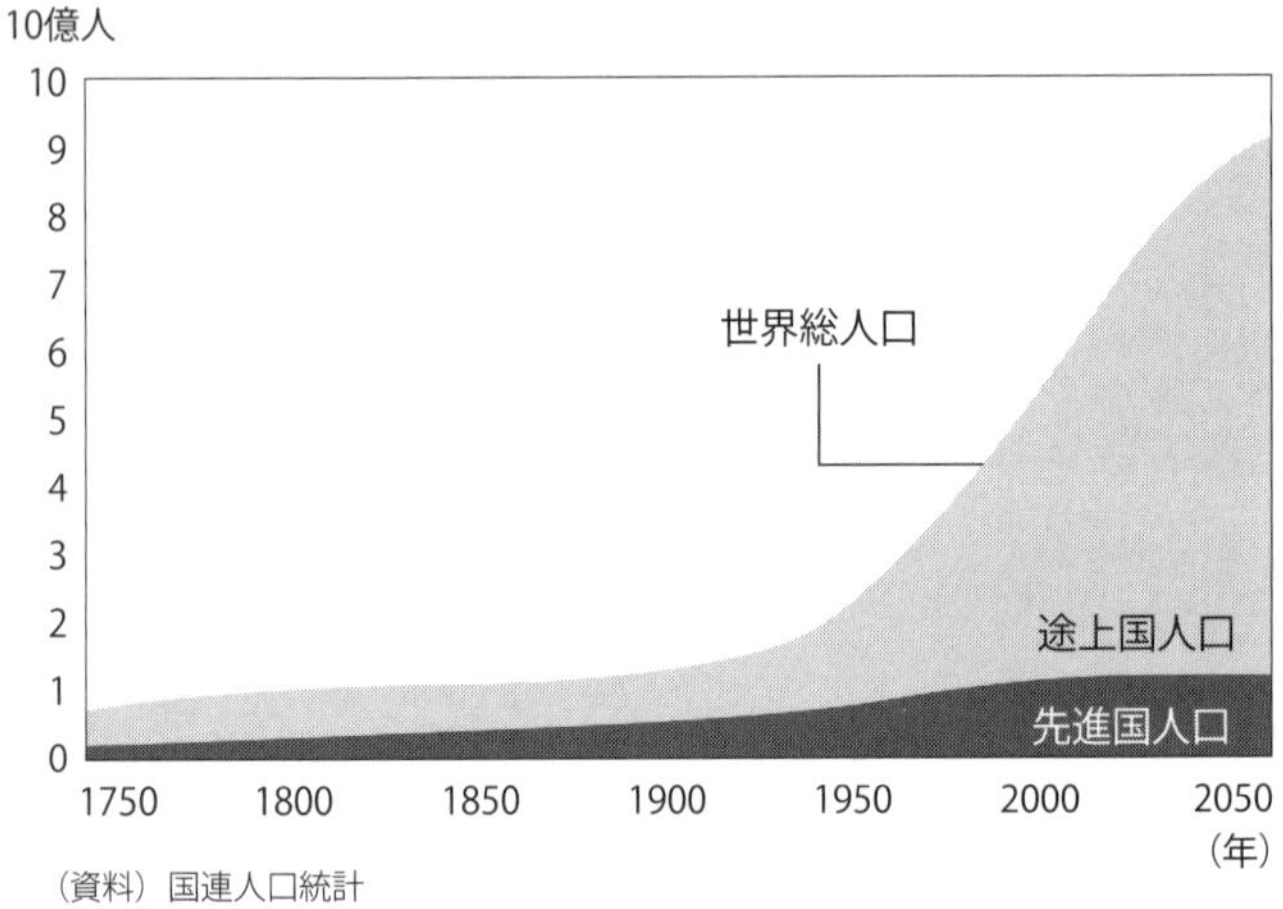

（資料）国連人口統計

これが二〇五〇年には、地球上の四人に一人が「アフリカ人」になる。しかもその平均年齢は二五・七歳という若さ。

カルロス・ロペス氏が言う通り、この若い巨大な労働人口を背景に、日本や中国が発展してきたのと同じように「都市化」と「技術導入」がうまく進み、内需拡大と雇用創出ができれば、中産階級が増えていきます。

中産階級が増えれば、巨大な市場が生まれ、底堅い経済発展につながっていきます。

もちろん、政情の安定化、衛生医療、食料・水問題等、そこにたどり着くうえで解決すべき問題は決して少なくありませんが、アフリカの今後の底知れないエネルギーとポテンシャルを感じずにはいられません。

インドもアフリカ諸国同様、総人口一二億人、平均年齢二四歳という、巨大な若い労働人口を抱えて急成長をしている国です。

たとえば、三〇万人もの従業員を抱えるインド最大のITサービス会社、TATA Consulting Services(タタ・コンサルティングサービス社)の平均年齢は二九歳。ちなみに従業員二八万人を抱えるパナソニックの平均年齢は四四歳です。

この「若い」国インドの「なんともいえないパワー」を実感したのは、とあるグローバル企業のインドプロジェクトで、現地の広告代理店から提案のプレゼンテーションを受けていたときのことです。

話題は、インドで視聴率四〇%をたたき出している驚異的な公開オーディション番組「インディアン・アイドル」(「アメリカン・アイドル」のインド版)でした。

「すごいんですよ、インディアン・アイドルって。視聴率が高いのもそうなんですが、オーディションには、毎回全国から数百万人が受けに来るんですよ」

「……え、そんなに？　そんなにたくさんの人がオーディション受けるなんて、どうして？」

「それはですね……みんな、いまの貧しい生活を脱出して、豊かになりたいからです」

彼曰く、インドの若者が、「自分の出自にかかわらず」経済的に豊かな人生を歩もうと思うと、道は二つしかない。

ひとつは勉強を頑張って、インド工科大学（IIT）という超名門大学に入ること。「IITに落ちたらMIT（アメリカのマサチューセッツ工科大学）に行く」といわれているほどの難関校で、毎年五〇〇〇人の定員に対して、受験者数は三〇万人。競争率なんと六〇倍。ハーバードの一一倍、東大の三倍と比較しても、間違いなく世界最難関の大学です。

それだけあって、ここの卒業生たちを採用したいと、アメリカをはじめ世界中の名だたるIT企業が列を成しています。

インドの子どもたちはみな、IITを狙っているので、高校のときの数学のテストの点の「1点2点」が将来の明暗を分けます。このため、インドの中流家庭の教育熱は日本の比ではなく、その証拠に、インドではDSもプレイステーションもほとんど売れません。ただ、このIITへの道を選択できるのは、一定の教育を受ける収入のある家に生まれた若者だけです。

もうひとつの道が、まさにインディアン・アイドルのようなオーディション番組で優勝し、映画スターになることです。

インドには「ボリウッド」といわれる三〇〇〇億円規模の映画産業があり、ここでスターになれば、一気に豊かな暮らしができる。もちろん、非常に厳しい競争に晒されるけれど、どんなに自分の出自が貧しくても、自分の名前がカーストのどこにあったとしても、平等にチャンスがあるのです。

インドの数百万人の若者がオーディションに並ぶ背景にあるのは、単純に有名になりたいといったものではありません。彼らを突き動かしているのは、「いまの貧困から抜け出したい」という必死の想いなのです。

まさに、スラム街の最貧困層の少年が、多額の優勝賞金を懸けたクイズ番組に出るという映画、「スラムドック$ミリオネア」(二〇〇九年アカデミー作品賞受賞)の世界は、インドの日々の「現実」だったのです。

インディアン・アイドルのオーディションに並ぶ若者たち。彼らを支えるのは強烈なまでのハングリーさと、自ら未来をつかみ取ろうとする強さ。

これは私にとっては衝撃でした。

インドのムンバイを車で走ると、信号で止まるたびに物乞いの子どもたちに囲まれ、窓からはドラム缶のようなところで路上生活している家族が常に目に留まります。

一方でそのすぐ鼻の先には、プラダなどのブランド品を売っているクーラー完備の先進的なショッピングモールがあり、ブラックベリーを片手に颯爽と歩いている高校生がいます。

そんな「貧困」と「格差」の中に生きている若者たちが目指すもの――IITにしても、インディアン・アイドルにしても——の話が浮き彫りにする、理屈で説明できないレベルの「未来の自分に向けた強さ・ハングリーさ」。

かつてマッキンゼーの新人研修で中国人の女の子に言われたときの衝撃が、改めて蘇ります。

——そうか、これからの「世界で戦う」ということは、やはりこういう人々と伍していく、ということなのだ……。

平均年齢二〇代の若者が一〇億人規模でひしめき合いながら、いまだ「貧困」と「格差」を抱えつつも、21世紀に急成長することが見込まれる巨大な若い人口大国、インド、アフリカ諸国。

もちろん、政治の成熟化、内情不安の解消、医療衛生の整備、食料・水問題の解決等々、これらの国々が取り組むべき課題は決して少なくはありません。

けれども、一〇億人規模の二〇代の若者たちがもつ若い活力とハングリー精神を想像すると、これからの21世紀の世界に底知れないものを感じるのは、決して私だけではないでしょう。

年間二〇万人が消えていく21世紀日本

2　二〇五〇年の日本の人口は、推計で九七〇〇万人。日本はベトナムよりも人口の小さい国になり、GDPは中国、インドの一二分の一未満になる。

ここ一、二年、「変革屋」に集まる企業からのプログラム設計の依頼で、圧倒的に増えているのが「女性幹部候補育成」プログラムです。

なんとか女性幹部を輩出したい。二〇二〇年には管理職の三〇%を女性に――。

でも、当の女性たちとお話しすると、この流れ自体に若干戸惑っておられる方も多いようです。

「仕事は楽しい。やりがいもある。でも家庭も子どももほしい。両立はできれば果たしたい。でも、管理職になればなるほど、その生き方をするのが現実的に難しくなる気がする……」

女性の教育レベルが上がり、社会進出が進めば進むほど、未婚・晩婚が進みます。一方で生理的な生殖年齢――女性が子どもを産める年齢――は、古代から変わりません。入社して数年、頑張って働いてやりがいも見えてきたころ、ちょうど二〇代後半から三〇代前半くらいの「この先管理職になるキャリアパスに乗るか乗らないか」を考え始めるこの時期は、実は女性にとって「結婚はどうするか。子どもはどうするか」を考え始めなければならない年齢でもあるのです。

国立人口問題研究所の統計（二〇一三年）によると、三〇代の女性のほぼ三人に一人が未婚です。たとえ結婚したとしても、晩婚化の影響で一〇組に一組の夫婦が不妊に悩んでいます。

たとえ子どもができたとしても、第一子出生時の母親の平均年齢はすでに三〇歳を超え、その結果、二人目以降を考える世帯が減ってきているのが現状なのです。

この構造的な「少子化」問題に直面し続けている日本の人口は、すでに**毎年二〇万**

人規模で減少し始めています。

このままいくと、二〇五〇年の総人口は九七〇〇万人前後。労働人口（一五歳～六四歳）は二〇一〇年時点の八〇〇〇万人から五〇〇〇万人にまで減少します（人口問題研究所 二〇一二年推計）。

つまり、いまのままでは**五人に二人の割合で「稼ぎ手になり得る人」が消えていく**ということです。

難しいことを考えずに単純化すると、一人あたりの収入が実質三割アップしたとしても、いまの国内消費市場の規模を維持することさえできない、

日本の将来推計人口

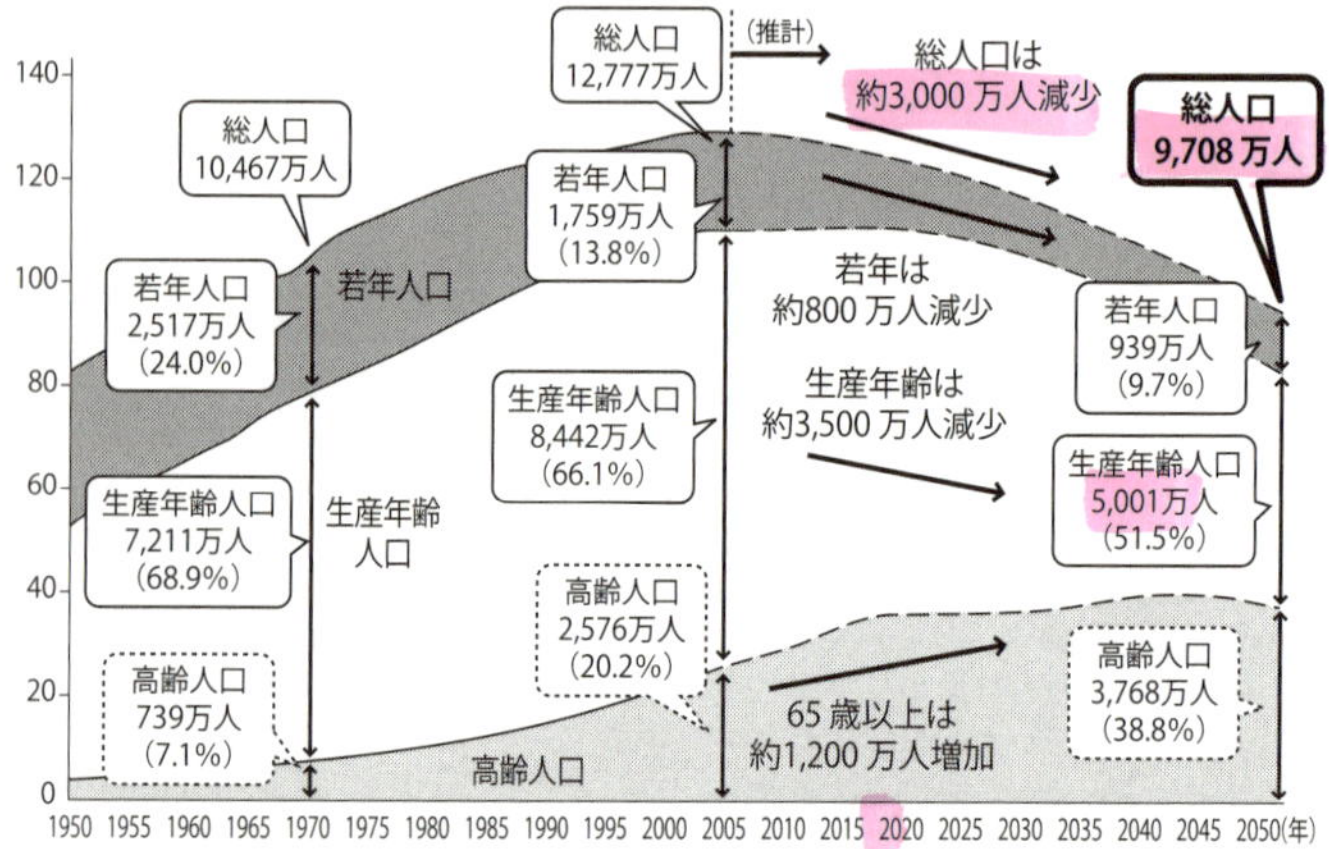

（資料）総務省「国勢調査報告」、同「人口推計年報」、国立社会保障・人口問題研究所「日本の将来推計人口（平成18年12月推計）」における出生中位（死亡中位）推計をもとに、国土交通省国土計画局作成

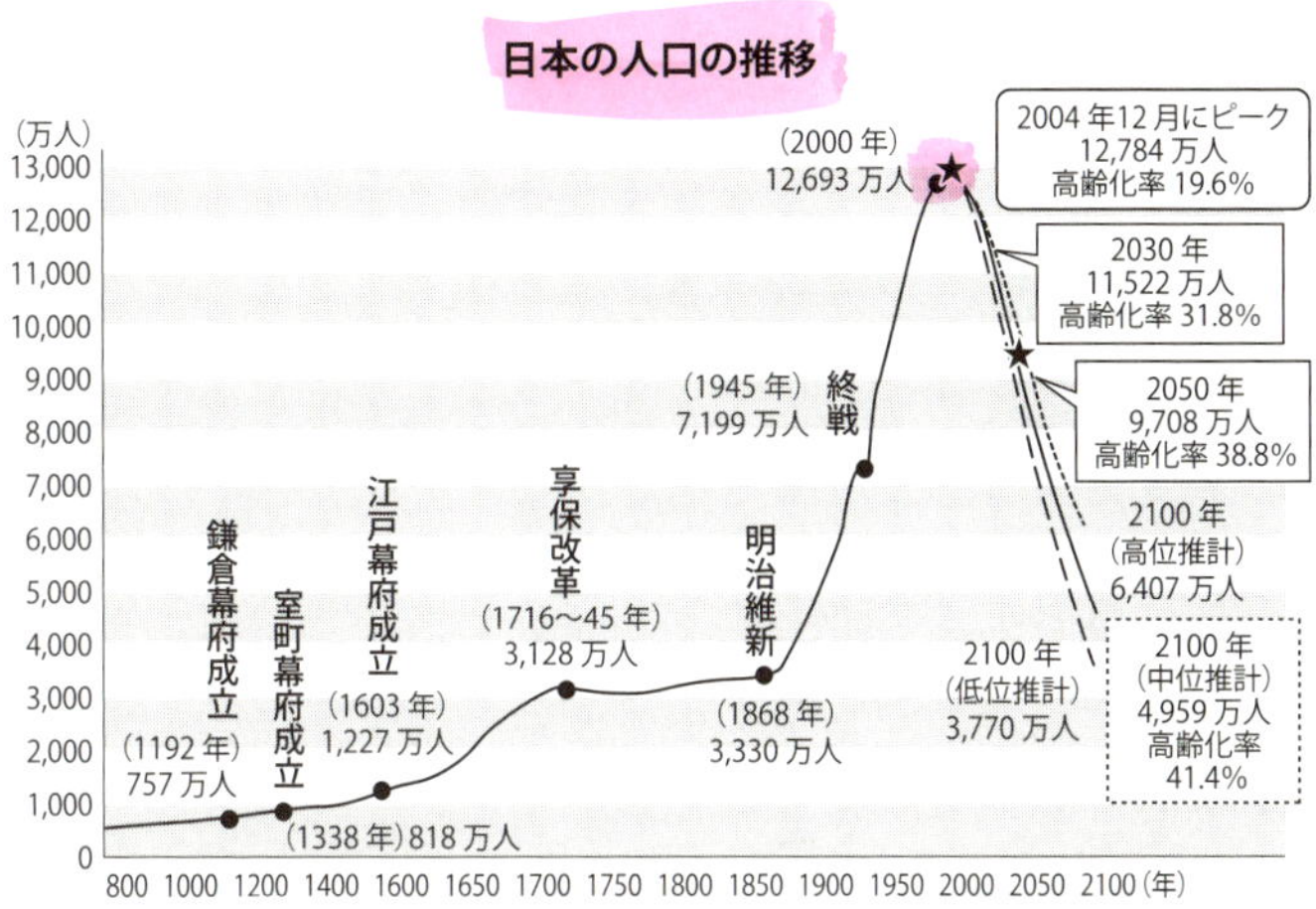

(資料) 総務省「国勢調査報告」、同「人口推計年報」、同「平成12年及び17年国勢調査結果による補間推計人口」、国立社会保障・人口問題研究所「日本の将来推計人口(平成18年12月推計)」、国土庁「日本列島における人口分布の長期時系列分析」(1974) をもとに、国土交通省国土計画局作成

ということです。

世界の多くの国が若い労働人口を抱えて成長を遂げていく中、二〇五〇年の日本はベトナム（二〇五〇年推定人口一億人）よりも小さな「人口中位国」になります。

そして、もしそのままのトレンドが続いていくとすれば、21世紀が終わるころには、日本の人口は実に四九〇〇万人にまで減少し、ちょうど明治初期時代の日本に戻ることになるのです。

この人口動態は、後述する高齢化と相まって、経済規模に大きく影響します。

かつては「経済大国」といわれていた日本の二〇五〇年GDPは、中国やイン

世界のGDPトップ10の推移（購買力平価換算、兆ドル）

順位	国名	2010	国名	2015	国名	2020	国名	2030	国名	2040	国名	2050
1	米国	14.12	米国	16.65	中国	21.98	中国	38.49	中国	58.17	インド	85.97
2	中国	9.98	中国	15.13	米国	19.15	米国	24.62	インド	48.97	中国	80.02
3	日本	4.33	インド	5.97	インド	9.34	インド	23.27	米国	31.08	米国	39.07
4	インド	3.92	日本	4.71	日本	4.98	日本	5.55	インドネシア	8.27	インドネシア	13.93
5	ドイツ	2.91	ドイツ	3.22	ドイツ	3.46	ブラジル	5.28	ブラジル	7.96	ブラジル	11.58
6	ロシア	2.20	ロシア	2.70	ブラジル	3.36	ロシア	4.82	ロシア	6.42	ナイジェリア	9.51
7	ブラジル	2.16	ブラジル	2.70	ロシア	3.33	インドネシア	4.28	日本	6.08	ロシア	7.77
8	英国	2.16	英国	2.48	英国	2.83	ドイツ	4.05	ナイジェリア	5.38	メキシコ	6.57
9	フランス	2.12	フランス	2.28	フランス	2.48	英国	3.67	ドイツ	4.71	日本	6.48
10	イタリア	1.75	イタリア	1.84	韓国	2.20	メキシコ	3.20	メキシコ	4.67	エジプト	6.02

資料: Citi Investment Research and Analysis

ドの一一分の一～一二分の一、インドネシアやブラジルの半分以下。日本はエジプトとほぼ同じレベルの「経済中国」になることになります。

「チェンジ・オア・ダイ。変わらないと死ぬ。グローバル化というのは、グロウ・オア・ダイ。そこで成長しないと死ぬ」

これは、ファーストリテイリングの柳井正氏の有名な言葉です。

企業を持続成長させていこうと思うと「当たり前にグローバル」の時代が、すでにやってきています。

リタイアなんかしていられない? 六〇歳はほんの「中年」

3

二〇五〇年の日本の総人口の平均年齢は、五三・四歳。
人口の四割が六五歳以上の国になる。

たとえば、あなたが資産家だったとして、どこかの会社に自分のお金を投資するとします。

- **従業員平均年齢二〇代のA社**
- **従業員平均年齢五〇代のB社**
- **人を常に入れ替え続けている従業員平均年齢四〇代のC社**

業績など他の状況がほぼ同じだったとしたら、あなたはどの会社に投資しますか?

A社がインドやアフリカなどの若き成長国、C社が「移民の国」アメリカだとすると、超高齢化社会を迎える日本の三六年後とは、まさにB社のような状況です。

平均年齢が五〇代というB社について、あなたはどんなイメージの会社を思い浮かべましたか？

しかも、四割の社員が「働いていないかもしれない」六五歳以上というおまけ付きですから、残り六割の人が相当な生産性の高さで死にもの狂いで働かないと、会社は成り立っていかないかもしれません。

また、「平均」寿命は九〇歳になっていきますから、約半数の人が九〇歳以上まで生きる時代がやってきます。

左の下のグラフは二〇〇五年を一〇〇としたとき、高齢人口がどれくらい増えていくのかを推計した国土交通省のデータですが、二〇五〇年までに八五歳〜八九歳人口が二〜三倍、九〇歳以上の人口は実に五倍以上になると予想しています。

六五歳で無職になり、ひょっとすると一〇〇歳くらいまで生きるかもしれない前提で、老後の生涯生活費を計算すると、たとえ月額二二万円としても三五年で九六〇〇

高齢人口（5歳階級別）積み上げ

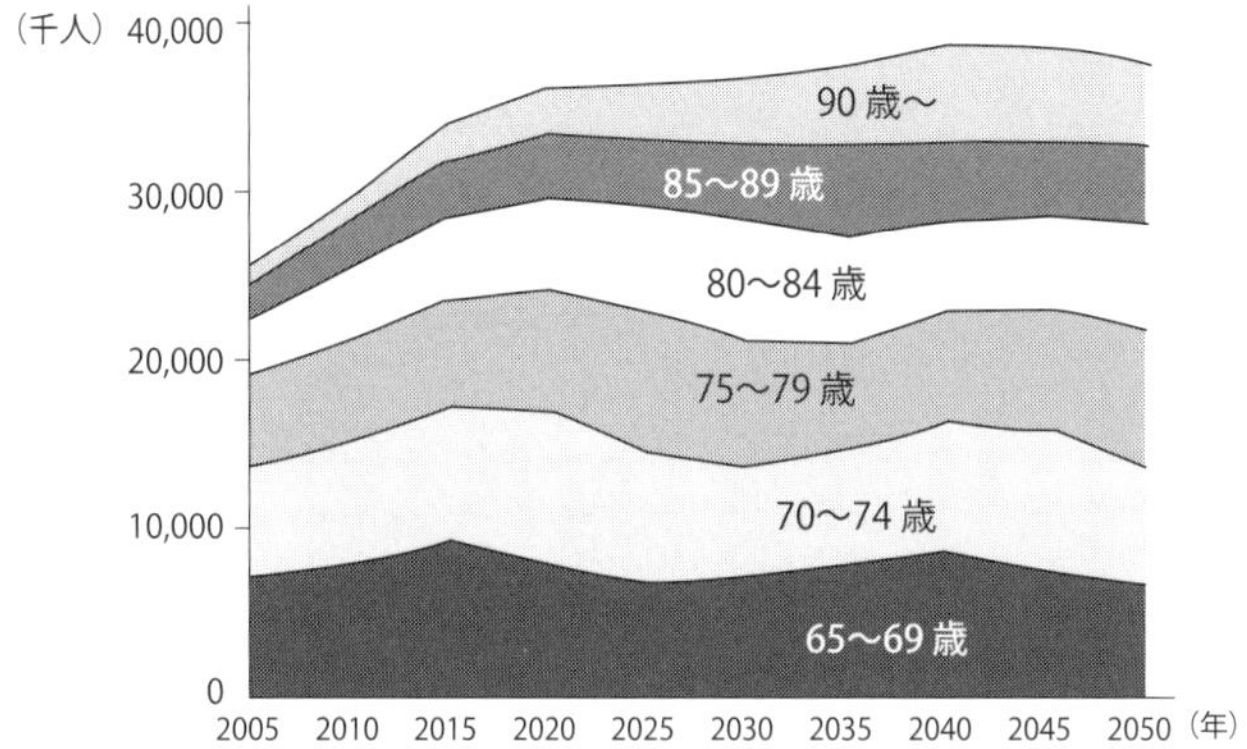

（資料）総務省「国勢調査報告」、国立社会保障・人口問題研究所「日本の将来推計人口（平成18年12月推計）」における出生中位（死亡中位）推計をもとに、国土交通省国土計画局作成。

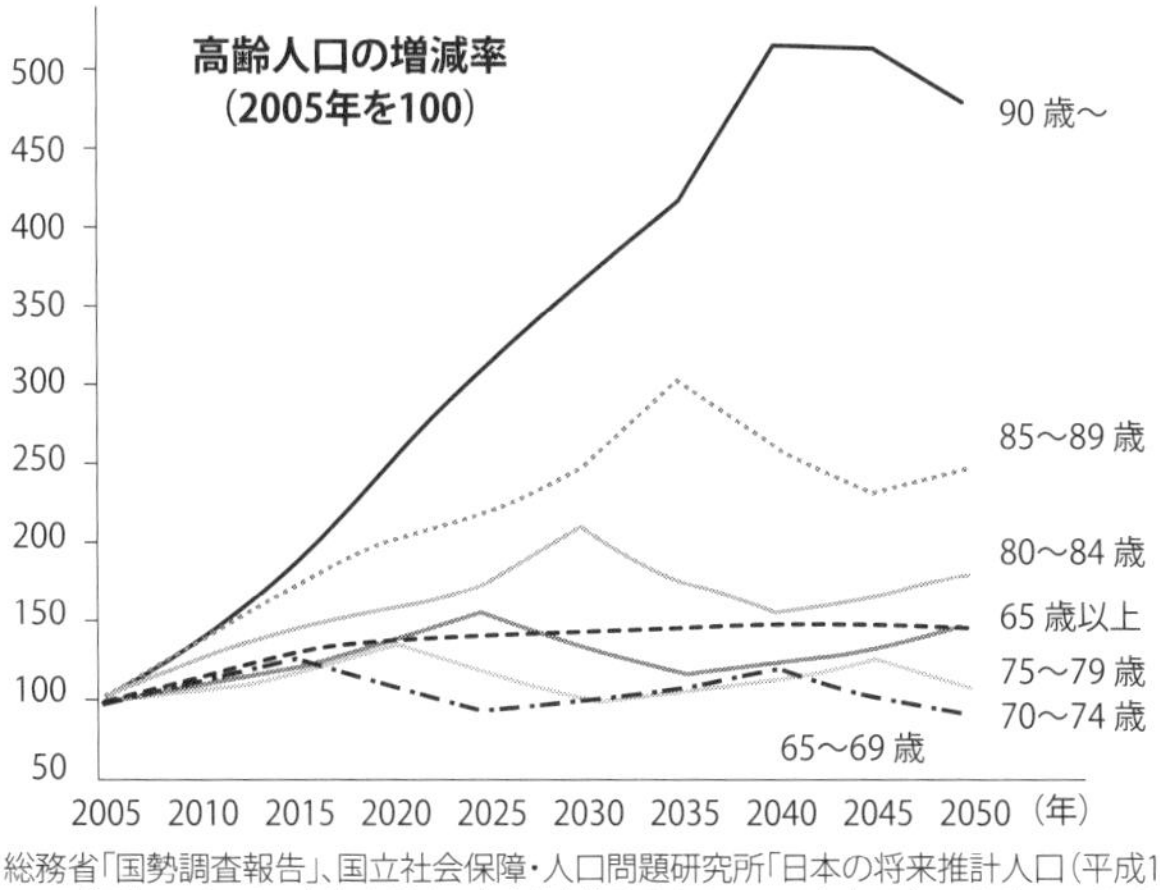

（資料）総務省「国勢調査報告」、国立社会保障・人口問題研究所「日本の将来推計人口（平成18年12月推計）」における出生中位（死亡中位）推計をもとに、国土交通省国土計画局作成。

万円。医療費、介護費その他を加えると約一億円。
人口の四割が六五歳以上の超高齢化社会で、これをなんとか「年金」や「退職金」で、というのは楽観的すぎる想定といえるでしょう。

ちなみに、これからの超高齢化社会を想像するとき、私はいつも父のことを考えます。

中小企業のふつうのサラリーマンとして勤め上げ、六〇歳で退職。
父が還暦で退職した年、私は高校三年生の受験生。まだこれから大学に四年間通わなければならず、教育費も下宿代もかかるカネ食い虫でした。

お金を気にする娘を不憫に思ったのか、ただ自分が仕事をし続けたかったのか、父はその後一念発起し、中小企業診断士の資格を取ります。ワープロもできなかったのにパソコン教室に通い、図書館とインターネットを駆使して情報を集め、企業研修の講演資料をつくる日々。

やがて、「先生」と呼ばれるようになり、ありがたいことにリピートのお客さまがいらっしゃるおかげでいまだ現役。八三歳の現在でもスーツを着て、クライアント企業さまに出向いていています。

サラリーマン人生を終えて二三年。モットーは「一〇〇歳まで元気で生きる」。携帯メールを使いこなし、重い荷物を持っていると「お父さんが持つよ」と言ってくれる「超高齢者」の父を見ていると、ひょっとすると未来の日本は、父のような人々がそこかしこに当たり前にいるんじゃないかと想像するのです。

さて、あなたは、二〇五〇年には何歳でしょうか?

人生一〇〇年、平均年齢五三歳の二〇五〇年の日本では、六〇歳などほんの「中年」です。

21世紀を生き抜かなければならない私たちは、少なくとも七五歳くらいまでは「働き続ける」前提で、心と体とスキルの準備をしておく必要がありそうです。

急激に進む「過疎化」と「おひとりさま化」

4

二〇五〇年までに、日本の現居住地域の二〇％が「人の住まない土地」となり、六〇％の地域で人口が半減。人口の四割は「おひとりさま」になる。

三・一一の震災後、東北の人口減少が加速しています。

もっとも減少が大きかったのが宮城県女川町。震災直前の二〇一一年三月一日に九九三二人だった人口は、二〇一三年一一月一日に七三〇三人と二六・四％減。ほかにも岩手県大槌町（二二・〇％減）、宮城県山元町（二〇・八％減）など、津波被害の大きかった沿岸部の大きな人口減が目立ちます。

国土交通省の推計によると、二〇五〇年までに日本の現居住地域の二割が無居住地化＝人の住まない土地になり、実に六割以上の地域で人口が半分になるとされています。

三大都市圏および東京圏の人口が総人口に占める割合

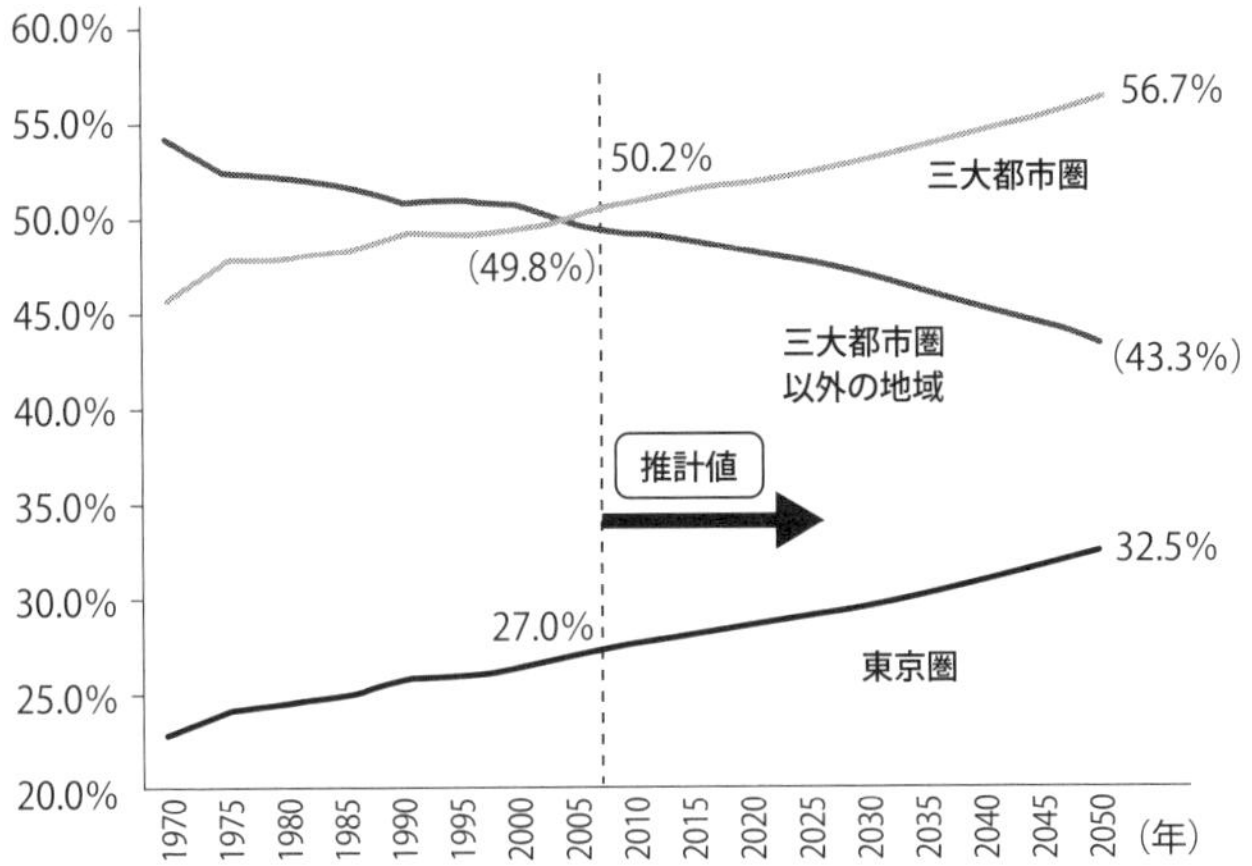

(資料) 総務省「国勢調査報告」、国土交通省国土計画局推計値（都道府県別将来人口）をもとに、同局作成

タイプ別世帯数推移（予測）

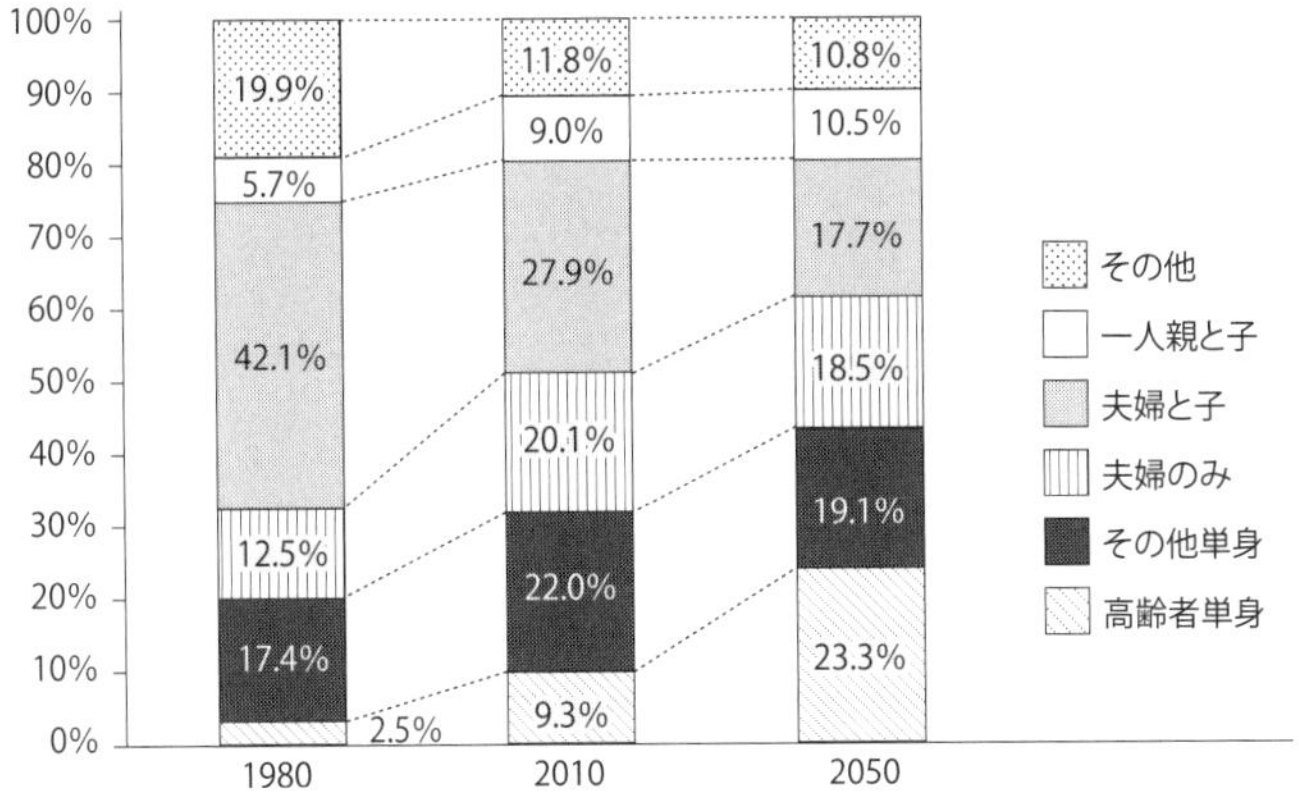

(資料) 総務省「国勢調査報告」、国土交通省国土計画局推計値（都道府県別将来世帯数）をもとに、同局作成

つまり、全人口が減少し続ける中、ますます都市部に人口が集中するので、二〇五〇年までには、**日本全国の六割以上の地域で、三・一一以後の東北沿岸部の人口減少率×2倍のインパクトの人口減**が訪れるかもしれないのです。

地方と大都市圏との関係もずいぶん変わりますが、家族や世帯のあり方もどんどん変容していきます。

「家族」といえば「夫婦と子ども」で構成されている、というのがこれまでの日本。ところが国土交通省の推計によると、二〇五〇年の日本では、「夫婦と子ども」で構成される世帯は全体のわずか一七・七％。代わりに**全国の四割以上の世帯が「おひとりさま」**という時代がやってくるのです。

一方、今後三六年で急激に増えることが予想されているのは「高齢者のおひとりさま」。実に全世帯の約四分の一を占める水準になっていきます。

これは、二〇五〇年以降の世界に高齢者の仲間入りをしていく我々にとっては、たいへん衝撃的なことです。

比較的地域コミュニティの強かった「地方」が衰退し、社会的なコミュニティの薄い大都市圏に人々が集中する。一方、家族のあり方も変容しているので、そんなコミュニティの薄い大都市圏に「単身」で住む高齢者が増えていく。

はたして九〇~一〇〇歳まで続く「長い老後人生」を「ひとりで」老いていくかもしれない私たちは、「自分の居場所」をどこに、どう見つけていくのでしょうか。

2 二〇五〇年に向けた「構造変化」
劇的に変わる「人生の選択肢」

二〇五〇年X月X日

実はね、先月からインドの友だちといっしょに、MIT（マサチューセッツ工科大学）の先生が主催する宇宙工学研究プロジェクトに参加してるんだ。今月の宿題は、「新しい宇宙エレベーターの仕組み」を考えること。

これから中国にいる物理の強いやつと、数学に強いインドの友だちと、プログラミングに強い僕と、NASAの研究チームにいるロボットのワトソンがチームを組んで議論して、それをまとめて、他のチームと発表し合うんだよ。なんだかホントにワクワクする。

チームで議論した結論は、今度は僕が中学で友だちに教えることになってるんだ。「二〇年後には宇宙で仕事する」と公言している僕としては、実は男のメンツもかかってるからさ（笑）。頑張らなくちゃ。

母さん、大丈夫だよ。ちゃんと週末のキャンプには行くよ。

それより父さんのほうがたいへんなんじゃないの？　今月は三つの会社のプロジェクトを掛け持ちしてるって言ってたけど。

え？　母さんだってたいへんだよね。わかってるよ。母さんがこの間つくった新作のコーヒーカップ、結構好評なんだってね。僕の中学の友だちも早速注文したって言ってたよ。

あ、そろそろインドのやつと中国のやつとワトソンと議論しなきゃいけない時間だ。夕飯、何？　終わったらリビングに降りてくよ。

猛スピードで進むIT技術革新

5 二〇一〇年に一秒でダウンロードできたのは新聞四分の一日分。二〇五〇年には、一秒で新聞三・五億年分をダウンロードできるようになる。

映画大好き少女だった私のお気に入り映画のひとつに、「バック・トゥ・ザ・フューチャー」という映画があります。マイケル・J・フォックス演じるご機嫌な若者マーティ・マクフライが、友人のドク博士が開発したスーパーカー・デロリアン型のタイムマシーンで、過去や未来を旅しながら、自らも成長し、自分の未来を素晴らしいものにしていく、というストーリーです。

続編パート2で主人公は、デロリアンで三〇年後の未来に飛び、将来の自分に会うことになります。空飛ぶ車。宙に浮くスケボー。サイズが自動的に変わるスニーカー。濡れてもすぐシュッと乾くジャケット……。

これを見るだけでも、この映画が製作された一九八五年当時は、「モノづくり」の技術革新が未来をつくっていくと想定されていたことが、よく分かります。

この映画の「未来」設定である当時の「三〇年後の世界」は、現実に当てはめると二〇一五年。さて、現実はどうなったでしょうか。

空を飛ぶ車についていうと、テラフジアやPAL=V等、いくつかのプロトタイプがすでにつくられ、飛行テストも終わっていますが、飛行機パイロットの免許を持たない大多数の我々が、渋滞を避けて高速道路を空飛ぶ車で走る世界は、まだ現実には来ていません。

ナイキは、二〇一三年に「〝バック・トゥ・ザ・フューチャー〟モデル」として、主人公マーティ・マクフライがパート2の未来で履いていたものとほぼ同じデザインのスニーカーを販売しました。が、残念ながら映画の世界の最新機能だった「自動紐結び機能」や「自動サイズ調整機能」を実現するには至っていません。

その代わりに、予想以上に速く、より大きく「現実」の我々の生活を一変させたもの。それが、「ＩＴ・通信革命」――すなわち、インターネットであり、携帯電話であり、スマホであり、ＳＮＳでした。

この映画が製作された一九八五年当時は、まだインターネットは「学術研究用」の特殊なネットワーク基盤でしかなく、商用化さえもされていませんでした。携帯電話は肩から下げて歩く「ショルダーフォン」で、三キロの重量がありました。

実は急速にデジタル革命・情報通信革命が進み始めたのは、次の表の通り、この二五年弱のことなのです。

いまや二七億人（世界人口の三八％）がインターネットを使い、一日で五九億件の検索がGoogle上で行われ、一日で四〇億件のYouTubeビデオが視聴され、一〇億人以上が毎日スマートフォンを持ち歩いている時代になりました。

このＩＴの技術は、依然として猛スピードで革新し続けています。

四年制の大学でＩＴテクノロジーを学ぶと、一年目に学んだことの半分が三年目にはすでに「時代遅れ」になっているというのが、この世界の技術進化のスピードです。

10 年前になかったもの	・iPhone(2007 年) ・YouTube (2005 年) ・Google Maps(2005 年) ・Facebook (2004 年)
20 年前になかったもの	・Wikipedia 日本語表記版 (2002 年) ・カメラ付き携帯電話(2000 年) ・Google(1997 年) ・Amazon (1995 年)
25 年前になかったもの	・NTT ドコモ(1992 年) ・World Wide Web (1991年)

通信速度、コンピューターの処理速度(CPU)・メモリー容量等は、今後数十年で急速に進化していくと予測されており、一秒でダウンロードできる新聞は二〇一〇年時点では四分の一日分。これが二〇五〇年になると、一秒で三・五億年分の新聞がダウンロードできるようになる。

つまり、どんなに大量のデータもまったくストレスなく、一瞬で世界中に届けることができるようになります。

医療。ビジネス。教育。現在「リアル」で行われている多くのことが、まるですぐそこにいるかのように「バーチャルにできる時代」は、もうそこまで来ています。

「二〇二九年までにロボットは人間より賢くなる。人間が何を言っているかを理解するだけでなく、ジョークを言ったり、経験から学んだり、ストーリーを語ったり、相手に気のあるフリすらできるようになる」

——Ray Kurzweil（Google 技術部門役員）

数年前に、シリコンバレーにあるIBMリサーチセンターを訪れたことがありますが、そこで研究されていたのは、認知型コンピューティング技術（Cognitive Computing）でした。

彼らは脳のシナプスがどう情報を処理しているのかをコンピューター上で研究していて、

「ミミズの脳をシミュレーションするまではできた。おそらく二〇二五年くらいまでには、人間の脳をシミュレーションできるはず」

と言っていました。

Google も昨年、Deep Mind という人工知能領域のテクノロジー会社を買収しました。

目指しているのは、人間の脳に近い神経ネットワーク構造をもつプログラムを開発して、まったく人間が関与しなくても、また、言葉で教えなくても、マシン自体が周りの環境を人間のように理解する能力をもつことだそうです。

もうすでに、「自分でゲームのプレイ方法を学んで遊ぶことができるソフトウェア」までは開発できている段階です。

鉄腕アトムのように、自ら思考し、人と意見交換をし、自ら行動するロボットが、家庭や職場で活躍し始めるのは、もはやSFの世界ではなくなりつつあるのかもしれません。

モノづくりの世界でも起き始めた構造変化

アメリカで注目されているベンチャーのひとつに、TechShop(テックショップ)

があります。彼らが提供しているのは「Do It Yourself(自分でつくる)」のガレージ。Do It Yourselfといえば、お父さんが日曜大工で犬小屋をつくったり、花壇をつくったりというイメージがありますが、彼らが提供しているのは、「つくりたい、と思ったものは、何でも自分でつくれる場所」。

コンピューターにプログラミングし、素材をプリンターに入れると、立体的に「モノ」が「印刷」される3Dプリンター。レーザービームであらゆる素材に極めて高い精度で彫刻・切断・マーキングができるレーザーカッター。金属の溶接、ハンダ、ミシンや多様なソフトウェアを備えたパソコンまで、あらゆる工作機械が揃っていて、数日の研修で誰でも使えるようになります。

月一万円ほどで会員になれるこのガレージには、自分がつくりたい商品の試作品をつくり、それを外部の工場にアウトソースする形で大量生産をかけ、その製品をインターネットで世界中に販売したいと思っている「起業家精神溢れる」人々が集まってきています。

バックグラウンドはまちまちです。数日前までサーファーだった若者。子どもが独立したばかりの主婦。中には、数ヵ月の間に、世界中で十億単位の売上を上げていく人々もいます。

現在数百万人の顧客をもつスマホ・クレジット決済サービス Square のクレジットカードリーダーのプロトタイプも、この TechShop で製作されました。

モノづくりに必要な工作機械が、技術革新により低コストで使いやすく、使う側の技術がなくても精度が高いものができる形に進化してきた。製造も販売チャネルも自分で確保できる時代になった。モノづくりの世界も、資金力があり、設備投資をし続けられる大企業だけでなく、「個人が自由にモノづくりできる」時代になりつつあるのです。

人々がテレビを消して、ゴルフクラブを置いて、スターバックスコーヒーから外に出ていく。そして、自由なお小遣いや時間を、イスやオモチャ、合成ダイヤモンドなどのモノづくりへ注ぐ。本当にクールなモノをつくるのに必要な工具が安くなれば、そういった人々は増えるでしょう。なぜならば、人々は本当にクールなモノをつくると幸せな気持ちになれるからです

――TechShop CEO Mark Hatch

すべての格差と壁を超える教育プラットフォーム

二〇一二年の世界経済フォーラム・ダボス会議。

そのラウンドテーブルスピーカーとして、ビル・ゲイツなどの名だたる有名人とともに座っていたのは、パキスタンの一四歳の少女でした。

スタンフォード大学の教授から、この年にして直接「機械学習」と「物理学」の講義を受けた、とても勤勉で優秀な生徒。

「とても興味深かったわ。学校の友だちにも勧めたの。何が面白いの？　って言われたけど」

彼女が「機械学習」と「物理学」を学んだのは、スタンフォード大学発の無料オンライン教育サイト「Udacity（ユダシティ）」。

「わずか二つの講義だけで一九〇カ国から一六万人集めた」といわれ、中には、アフガニスタンで戦火を逃れながら、一時間のアクセスの間に宿題をすませようと必死になっていた少年もいるそうです。

2012 年のダボス会議でラウンドテーブルスピーカーを務めた、パキスタンの 14 歳の少女。

ここで提供されているのは、たとえば「ロボットカーのプログラミング」や「サーチエンジンのつくり方」などを、グーグルの副社長から学べるプログラムです。

アメリカやドイツでは、ユダシティでコンピュータ・サイエンスの入門を勉強すれば、次のステップを現実のキャンパスで受講できるようにする大学がありまず。ユダシティ自身が、優秀な生徒を企業に斡旋することも行っており、すでに二十数社が受け入れに関わっているそうです。

東大も参加している世界の一流大学がオンラインで授業ビデオを無料提供しているCoursera(コーセラ)。YouTube

上で数千以上の教科のオンライン教育ビデオを無料提供しているKahn Academy（カーンアカデミー）。

日本でも一一五大学の受験過去問をすべて無料で提供する「受験サプリ」が始まりました。

インターネットで多くの人々に開かれている無料のオンライン教育サイトは、この数年で急拡大しています。

たとえば、「積み木」が好きで、何かを「つくる」ことが大好きだった男の子。

小学生になって「ゲーム」というものに触れたとき、「これ、どうやってつくるんだろう？」と興味をもち始める。

彼はネットで調べていくうちに、必ずや「ゲームのつくり方＝プログラミング」を、世界有数のゲームプログラマーから無料で学べるサイトにたどり着くでしょう。

おかげで小学生ながら自分でゲームのプログラミングができるようになった彼は、「中学生になったら、これで起業したい」と考えるようになります。

今度は起業はどうやるのか、資金調達はどうするのかが気になる。

調べていくうちに、世界有数の起業家たちから起業や資金調達について直接学ぶサイトにたどり着くかもしれません。

家庭環境、収入、年齢、国境など、すべての格差や境界を超えて、「いつでも、誰でも」最高の教育を受けられる世界は、もうすぐそこまで来ているのです。

目的と意思をもって「学ぶ機会を探求し、自分で選択する力」がある人々にとっては、理想郷のような世界です。彼らは、国や社会が提供する「標準的な教育」の枠組みを悠々と乗り越えて、自分の目的を実現する実践力を、最短で身につけることができるでしょう。

でも、「何のために、何を学びたいのか」が明確でない人にとって、この**「究極の教育自己責任時代」**はどう映るでしょうか?

大きく変わる「働く」という概念

6 二〇一一年に小学校に入学した子どもの六五％は、いまはまだない職業に就くだろう。

「二〇一一年に入学した小学生の六五％は、いまはまだ存在しない職業に就くでしょう。誰も想定できない未来を生きていく子どもや若者たちが、これまでの世界の概念や正解ばかり覚えたとして、はたしてどこまで役に立つのでしょうか？」

——デューク大学　キャシー・デイビッドソン教授
（二〇一一年　ニューヨークタイムズ紙）

一〇年前の世界にＳＮＳは存在せず、二〇年前の世界では、インターネットはまだ米国政府の研究機関のものでした。つまり、世界中のネット関連企業に現在勤めている若者たちは、彼らが小学校一年のときには存在しなかった仕事に就いているのです。

もちろん、これから一〇年、二〇年後にどんな新しい仕事が生まれてくるかを予想することはできません。予想することのできない世界なので、「いい仕事に就くためにいま準備を……」という論法は、もう大人にも子どもにも使えなくなります。

ただ、ひとつだけいえるとしたら、21世紀の「働くという概念」は、20世紀の「働くという概念」とはずいぶん違うだろう、ということです。

・単純反復作業(工場のライン等)やパターン化できる仕事の需要は、すでに減少しており、これからも減少する。
・複雑な問題解決を人と協同しながら行う仕事の需要は、今後も増えていく。
・複雑な問題解決を人と協同しながら行う仕事の需要に対し、それができる人材の絶対数は不足しているし、地域間ギャップも大きい。
(McKinsey MGI report "The future of work in advanced economies")

――単純反復作業やパターン化できる仕事の需要は二〇〇一～二〇〇九年でマイナス〇・七%～マイナス二・七%）であるのに対し、「複雑な問題解決を人と協同しながら行う仕事」の需要は同期間でプラス四・八%。

・優秀な人材は複数の企業が共有するようになり、企業と企業、企業と個人の境目がどんどん曖昧になっていく可能性がある。

（博報堂生活総合研究所）

テクノロジーの発達と普及により、誰もが「いつでもどこでも」働くことができる時代になれば、求められる人材は、住んでいる国や地域、年齢・ジェンダーに関係なく、広く求められるようになります。そして、そういう人々の力は、複数の企業やプロジェクトで共有される時代になっていくでしょう。

・「ミニ起業家的個人が多く生まれ、彼らがつながって新しい事業が生まれていく」

（リンダ・グラットン氏　ロンドンビジネススクール教授）

これまでより多くの人々が、企業に属さず、共に協力し合い、ワークライフバランスを維持しつつ、自己実現を果たしていくようになるでしょう。

さて、二〇五〇年のあなたは、どんな仕事に就き、どのように働いているでしょうか?

第二章

21世紀スキルとは何か？

「考える力」「共創する力」「進化する力」

未来を予測する最善の方法は、
自らそれを創り出すことである。
——アラン・ケイ

0 求められているのは、「考える力」「共創する力」「進化する力」

これからの時代に求められる力
——20世紀との大きな違い

テクノロジーや技術革新市場の変化を定量分析し続けているガートナー社は、二〇一〇年の「The Future of work」というレポートの中で、これからの時代を見据えた一〇の変化を予測しました。

1　予測不可能かつ複雑なタスクが、仕事の大半を占めるようになる。

2 各分野の専門性をもつ人々が「ぱっと集まり、ぱぱっと問題解決をし、ぱっと解散する」ような、機動的なプロジェクトチームワークが増える。

3 これからのプロジェクト型チームは、「同じ釜の飯を食べた仲間」といった昔ながらの関係の濃いチームではなく、「Facebookでつながっているがお互いに仕事をしたことはない」といったような「緩くて広いつながり」のネットワークから組成される。

4 自分の組織の中の人々だけでなく、「同じエコシステムの中にいる影響力のある人々」と密接に協働しなければならない仕事が増える。

5 「複雑な問題に多様な人々と協同して取り組む力」は、当面は「標準化」したり「パターン化」することはできない。

6 「言われたことをやる」のではなく、「自分で考え、新しいものを創り出す」ことがより強く求められるようになる。

7　エクセルのデータを分析して判断するのではなく、実際に（バーチャルな環境下も含め）実験し、やってみて、その反応を見て判断するようになる。

8　新しいトレンドや大きな構造変化を予測する仕事が急増する。

9　組織や国境等の「枠組み」を超える多様な人脈・ネットワークをもつことが、より大きな資産になっていく。

10　職場はより「バーチャル」になっていく――機動的プロジェクトチームが開く会議は、時差や組織をまたぐようになり「いつでもどこでも」仕事できるようになる。

振り返ると、20世紀は、「国家」や「企業」という枠組みの中で、少数の「決定者」が物事を考えて決め、その他大多数の人々が「決められたことを忠実に実行する」というモデルで世の中が動いていました。

しかし、この「The Future of work」の一〇の変化を見ても分かる通り、21世紀は以下の三つの点で大きく変容していきます。

①「考えて決める人」vs「実行する人」という役割分担が薄れ、一人ひとりが自分の頭で「考える」時代になる

②多様な「専門性」をもつ「個」が、「国家」や「企業」という枠組みを超えて機動的にコラボレーションする「共創」の時代になる

③やってみて、その反応を見て修正するプロセスを繰り返す、継続的な「進化」を前提とした時代になる

この時代に求められるのはもはや、「言われたことをきちんと実行してくれる力」でも、「誰かに敷かれたレールの上をひた走る力」でもない。

21世紀に求められるのは、**「自分で考える力」「人と共創する力」**、そして**「自己進化する力」**です。

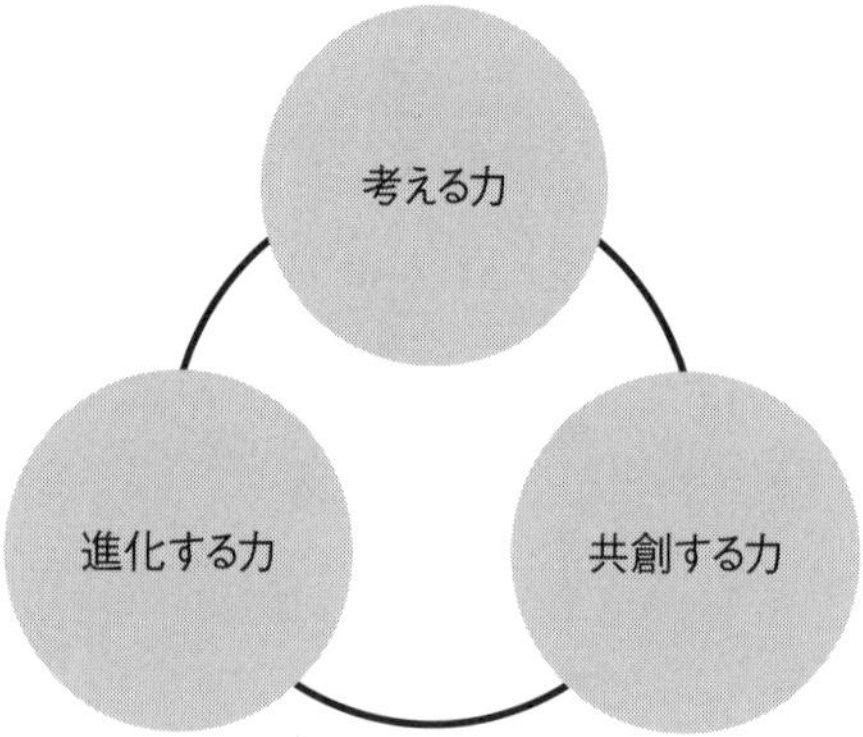
考える力
進化する力
共創する力

すでにビジネスの最前線で起こり始めていること
――既存の枠組みを超えた「実践」型育成

この「考える力」「共創する力」「進化する力」は、企業の次世代のリーダー育成には必須の要素と考えられています。

「多様な価値観に触れながらリーダーシップを発揮するグローバル人材を育成しようと思うと、正直社内で育成するのがとても難しい。海外スタートアップかＮＰＯで一～二年修行させてもらえる場所はないだろうか」

「いまの経営チームのキャパシティを超え得る人材プールを採用しなければ、これからの時代には対応できない」

「とにかく、若いうちに修羅場を意識的に経験させ、自分に足りないものを痛感して自ら進化しなければダメだ」

企業は従来の枠組みや方法論を超え、多様な人々との協同により問題解決を行う「実体験」の場を提供し、次世代を担う人材を育成しようとする動きが加速しています。

・ふだん、なかなか接点のない各事業の若手を選抜し、徹底的に考え、協同させ、最後は答えのない課題について、役員に本気の経営提言をさせる次世代人材育成プログラム。

・ラオス・カンボジア等の現地社会起業家といっしょに、創業間もない彼らの事業の問題解決を協同で行うという修羅場体験を通じて、本当のグローバル人材に必要なものを体感するプログラム。

・業界も組織も超えたリーダー企業数社が「合同」で女性人材育成プログラムを運営・設計。お互いに他流試合をさせながら、共通課題に向き合って世の中に風穴を開けようという試み。

数多くの経営人材を世の中に輩出してきたハーバード・ビジネススクールも、「教室でのケーススタディに加え、学生が世界の国や地域にグループで出かけ、特定のテーマについて調べ体験しまとめる、という実体験型のプログラムを必須コースとして導入し始めました。

学生に「その場にどっぷりと浸かり、経験に基づいてチームで学ぶ機会」を提供するのが目的。ただ知識を与えるだけではなく、実践の経験を提供し、「自分が肌で感じることから学び、進化する知性」を育むのが狙いだそうです。

これらにおいて、一貫して問われているのは、「考える力」「共創する力」「進化する力」を、実践の場で発揮することです。

・想定外の問題や経験値のない課題に向き合い、自分の頭で「何が本質的にやらなければならないことか」を考えることができるか?
・「多様な」人々との議論を通じて、その議論の中から学び、ベストな答えを導き出し、実践し始めることができるか?
・そのプロセスの中で、自分自身も何らかに気づき、「進化」することができるか?

まずは、それぞれの力とは何かを定義したうえで、それを実践の場で発揮するとはどういうことかを具体化していきたいと思います。

1　考える力

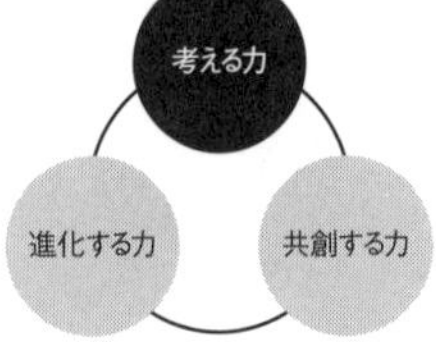

なぜ成功しない人がいるかというと、
それは考える努力をしないからだ。
ほとんどすべての人間は、
「もうこれ以上アイデアを考えるのは不可能だ」
というところまで行き着き、そこでやる気をなくしてしまう。
いよいよこれからだというのに。

——トーマス・エジソン

考える力の本質とは？

私の元同僚に、登山家で事業家でもある山田淳君という人がいます。

彼は、中学から登山の魅力にハマり、大学に入って二年半で、エベレスト、マッキンレー等世界七大陸最高峰を制覇。当時の世界最年少登頂記録を達成しました。その後マッキンゼーに入社し、私の同僚になったのですが、わずか三年半で退社。いまはフィールド・アンド・マウンテンという登山人口の増加と安全登山の推進をミッションとした会社を起こして、登山道具のレンタル事業やフリーペーパーの発行などを行っています。実は年間数万人の人々が、彼のところで「登山道具」を借りて富士山登山をしているのだそうです。

世界七大陸最高峰を制覇した彼が、なぜいま、「登山道具屋」をやっているのか、と尋ねると、非常に明確な答えが返ってきました。

「日本はこのままいくと本当に厳しいですよね。モノづくりが復活するとも思えないし、人口は減っていくし、高齢化と過疎化は進むし。そういう日本を元気にするために自分に何ができるかを考えたんです。それで、世界中の山を見てきた自分ができることは、山を通じて日本を元気にすることだと思った」

「実は、日本の国土の七割は山なんです。我々日本人は、かなりざっくり言うと、「山地」に住んでいる(笑)。でもこの七割の国土は、いまはほとんど経済に活用されていない。世界の山を見てきた自分は、日本の山の素晴らしさを実感しているのですが、日本の山に登る人はまだまだ一〇〇〇万人規模。この数字は、人口に対する登山人口比率でいうと、海外と比べてまだまだ低い数字です」

彼は具体的な目標を掲げます。

「自分は、日本の山々に世界中の人々が登りたいと思ってやってくる、そういう世の中にしたいと思っています。そのためには、いちばんそばにいる日本人がもっと山に登るようになって、その魅力を実感しなければダメだと思うのです。

だから自分は、日本の登山人口を七〇〇〇万人にしたい。国土の七割が山地なら、せめて人口の七割くらいは登山人口にしたい、と思っているからです。ただ、そのために何が必要かをちゃんと理解する必要がある。いま何が登山人口を低くしている理由なのかを、徹底的に調べました」

彼は、毎日レジャー白書の数字とにらめっこしながら、なぜ登山人口がこんなに少ないのかを分析し続けました。世の中に広まっている「定説」を信じるのではなく、実際に何が起きているかを、客観的に理解したかったからです。

「山に登るきっかけがない」

「山に登ろうと思うと、道具を揃えるだけで一〇万円くらいかかる」

事実ととことん向き合うことで、本質的なボトルネックはこの二つだということが見えてきました。

「だから僕は、フィールド・アンド・マウンテンという会社で、日本初の山道具レンタル屋を始めると同時に、山のフリーペーパーを発行することにしたんです」

彼の話を聞いていると、「考える力」の本質とは何かを、改めて考えさせられます。

「考える力」というと、一般的には「ロジカルシンキング」「戦略思考」をイメージして、フレームワークで物事を整理する力をつけることだと思っている方が多いようです。実際、次世代幹部人材育成をやらせていただくと、「ロジカルシンキング」「クリティカルシンキング」の講義をやってほしい、というご要望がよくあります。

幹部候補のビジネススキルを育成したい。そのために「構造的に物事を考える力」「因数分解してMECEなフレームワークで物事を整理できる力」を伸ばしたい、というご依頼です。

確かに、解くべき問題が複雑になっていけばいくほど、物事を構造的に整理する力はとても重要になっていきます。

たとえば、「女性管理職の割合を二〇二〇年までに三〇％にするには、何を解決しなければならないのか？」と問われたら、いま現実そうなっていない理由を構造的に整理し、分解しなければ始まりません。

まずは、大きく分けると会社側の課題と女性たち本人の課題に分けられるな。会社側の課題を分解していくと、両立支援面の課題と人材育成面の課題がありそうだ。女性本人の課題にはウィル（意識）の問題とスキル（能力開発）の問題があるな。……こういうふうに分解し続けて、いちばん根っこの問題が何かを突き止めていく。

もちろん、これも「考える力」を構成するひとつの重要な「技術」です。

でも、山田君のように、「なぜそれを目指すのか？　それを実現した先にどんな世界を実現したいのか？」を考え抜いて、明確な答えを出している人は多くはない。「二〇二〇年に女性管理職を三〇％に」という一見明確に見える目標でさえも、実はその先にどんな世界を目指しているのか、なぜそれが必要なのかを具体的に説明できる企業は、ほとんどいないのが現状だと思います。

21世紀を生き抜く私たちは、「人生九〇年――一〇〇年」の時代に突入します。

「大企業に勤めれば定年まで安泰」という時代でもなくなりました。

六〇歳になったところで、リタイアできるような時代でもなくなっていきます。

家族の概念も変わっていき、「おひとりさま」が増え、地方がどんどん寂れていくかもしれない時代。

一方で、教育の機会は国境や経済格差の壁を超えてオープンに開かれていく。

いまはまだ存在しない職業がどんどん生まれていき、より「個」と「個」が集まってプロジェクトで仕事をしていくような時代。

そういう中で、自分は何をしたいのか。どういう生き方をしたいのか。

なぜいまの仕事や勉強をしているのか。自分はどこに向かって行きたいのか。

これがないと、さまざまな仕事のチャンスをつかむうえで、「どんな経験をしたいのか、それはなぜなのか」を周りにちゃんと説明することができません。

大量に溢れる情報や教育機会の中から、自分に必要なものを選ぶための「意味のある検索ワード」を打ち込むことができません。

自分自身がどこに向かっているのかが分からないので、「周りに流されてしまう、周りに決められてしまう」。

「変化を創り活かす人」と「変化に呑まれてしまう人」の最初の分かれ道は、実はこの、「目指すものを決める力」から始まるのではないでしょうか。

それを意識すると、21世紀に必要な三つの力のひとつ、「考える力」の本質は、次のような構造になっていると考えられます。

考える力の三つの要素

①目指すものを定義する力（命題設定）
まず、目指すものを定める。それも極めて具体的に。

いつ実現したいのか、なぜそれを実現したいのか、その世界観と根拠を、人に説得力をもって語れるまで考え抜く。

②ズームイン・ズームアウトする力

目指すものが具体的に決まったら、それを実現する方法論を考える。そのためには、複雑に見える問題をシンプルに要素分解したうえで、表面的な課題の奥の奥にある「本質」を見極める「ズームイン」できる力と、固定概念にとらわれず、新しい方法論を考える「ズームアウト」できる力の両方が必要になる。

③数字や事実で考える力

目指すものと、実現する方法論を行ったり来たりして考える際には、常に「本当にそうか?」を問い続ける=客観的な数字や事実で考える力が必要になる。

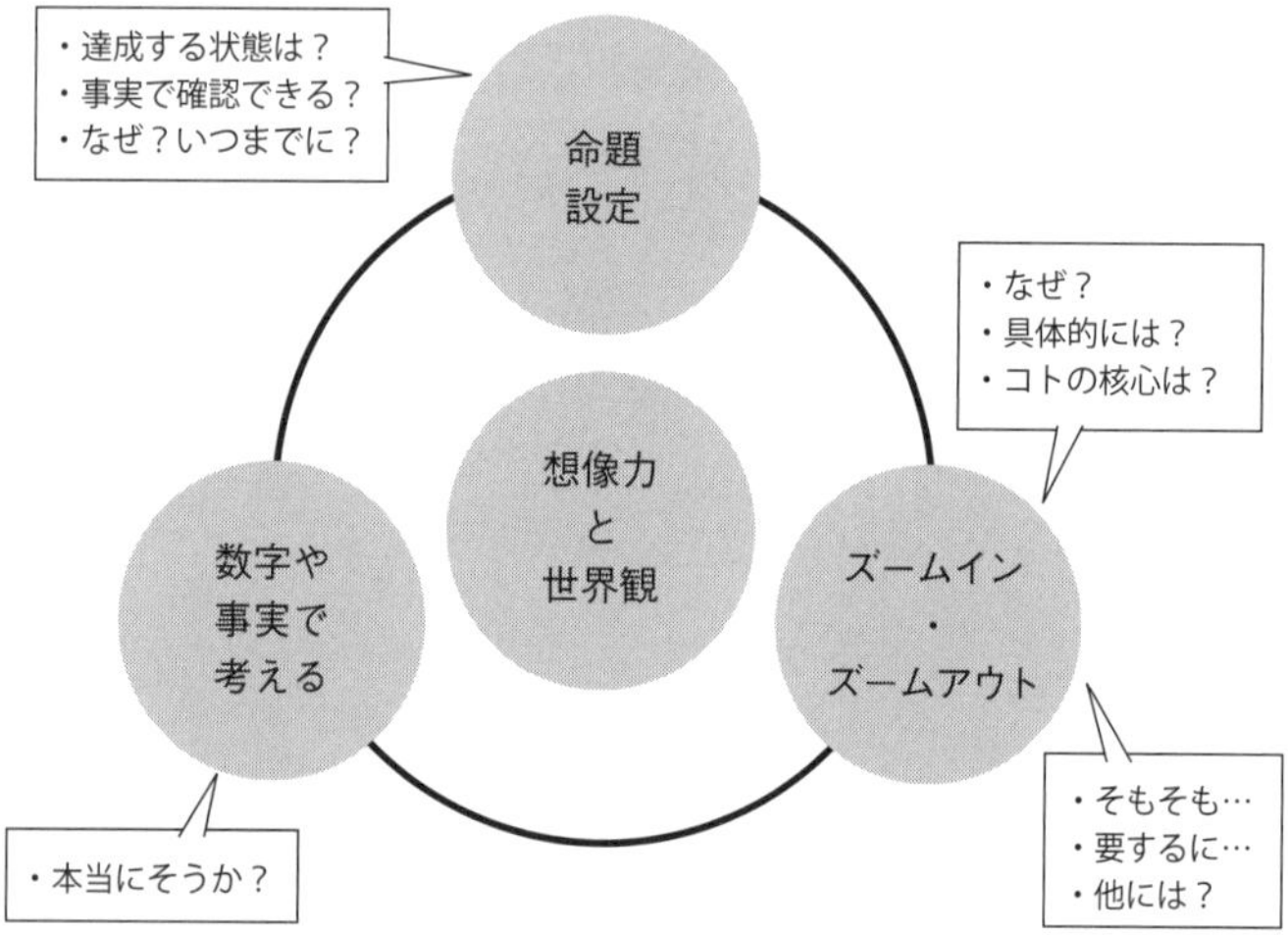
・達成する状態は？
・事実で確認できる？
・なぜ？いつまでに？
命題
設定
・なぜ？
・具体的には？
・コトの核心は？
想像力
と
世界観
数字や
事実で
考える
ズームイン
・
ズームアウト
・そもそも…
・要するに…
・他には？
・本当にそうか？

前述の三つの力をぐるぐる回すことが考えるプロセスです。

けれども、そのループを回すとき、そもそも自分がどれだけ先を見据え、どれだけの視野で「世界」をとらえているかが、アウトプットの質を大きく左右します。

つまり自分の**「想像力と世界観」を広げる力が、「考える力」の核**になければなりません。

では、考える力の三つの要素と、真ん中の核について、さらに具体的に考えていきましょう。

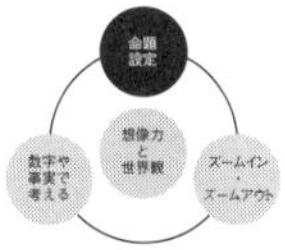

①目指すものを定義するということ ——「なぜ、具体的には、いつまでに」

目指すものを定義することは、実はそんなに簡単ではありません。

たとえ目指すものを決めているつもりでも、次の三つの質問をされると、すぐには明確に答えられないことが、世の中の大半だからです。


「なぜそれを目指すのですか？」

「それを達成するって、具体的にどういうことですか？」

「それは、いつまでに実現するのですか？」


たとえば、多くの企業が掲げる、「グローバル人材を育成したい」という比較的「背景が分かりやすい」目標を例にとっても、そうです。


「グローバル人材」とはいったいどういう人なのか？

英語が流暢に話せる人ならいいのか？

それとも、たとえば巨大な多国籍企業でバリバリ働いて成果を出す人なのか？

はたまた、アフリカの密林の奥地にひとりで置いていかれても、現地の人々とのネットワークをつくって、新事業を立ち上げられるような人なのか？

よく考えてみると、それは「何のためにグローバル人材を育成したいのか」によるなあ……と気づくわけですが、「事業のグローバル化に対応していくため」と言われても、正直ピンときません。

そもそも「事業のグローバル化に対応する」って何なのか?

日本の市場は縮小し、海外事業が拡大していくということは分かるけれど、ということは、ゆくゆくは日本の社員を現地シフトさせると言っているのか?

でもよく考えると、**「なぜそれが必要なんだろう……?」**

海外事業は現地の人がマネージすればいいんじゃないのか?
わざわざ日本人が現地に行く意味は何か? 日本との橋渡し人材?
それとも、現地の組織に「日本のマネジメントDNA」を埋め込む人材が必要なのか? それなら、現地の人々の文化や価値観を十分理解しながら、大きく組織風土を変えていく力のある人が海外組織の数くらい必要ということになるけれど……。
もしくは、日本の本社経営そのものに、多様な国籍の人材が関わっていくことをイメージしているのか? もしそうなら、日本の社員全員が、多国籍のマネジメントチームとともに仕事する準備をしなければならないことになる……。

「じゃあ、いつまでに、何人くらい必要なのか？」

これも非常に重要な問いです。五年で一〇人なのか、二年で一〇〇人なのかによって、必要となる方法論が大きく変わってくるからです。時間軸が短ければ短いほど、人数が多ければ多いほど、ふつうに考えられる方法論では実現できない。

でも、明確な数字と時間軸がまったく議論されていないのは、とてもよくあることです。たとえ提示されていたとしても、「なぜその数字なのか、なぜその時間軸なのか。それはその先にどういう世界を目指しているからなのか」を、誰に対しても説得力をもって説明できるようなケースは、極めて稀です。

実際には、「グローバル人材を育成したい」というなんとなくの方針が打ち出されると、すぐ「英語研修」とか「海外派遣」などの手段の話に入ってしまいがちです。

結果、物事が進んでいくにつれて、「そもそもこれ、何のためにやってるんでしたっけ……」ということが起きたり、前提としている「目標」が人によってずれているために、話が噛み合わなかったりするわけです。

「必死で仕事はしているが、なんだか無駄な作業をしている時間が多い気がする」

「企画案をつくっても上司をなかなか説得できない」

「会議をやっても議論が噛み合わない、うまく結論をまとめられない」

こういう経験、ありますか? と企業研修でお尋ねすると、ほぼ八割方の方が手を挙げられます。

「ではなぜ、そういうことが起きていると思いますか?」と尋ねると、返ってくる答えはほぼ決まって同じです。


「そもそも何を目指しているのかが、明確に共有されていないから」


そうなのです。

比較的分かりやすい日々の仕事・業務においても「目指すことを明確に定義する」ことは、実はそんなに簡単ではないのです。

おそらく私たちには、「抽象的な言葉」に逃げ、ぼんやりと「こういうものだ」と解釈をし、「考え抜いて決めきる」ことから逃げ、思考停止をする癖があります。「何のために」やるのか、と問い続けられたり、「具体的には？」「いつまでに？」と詰められながら、自分で考えて目標設定するということを、これまであまり求められてこなかった、ということかもしれません。

まして、「自分の人生で何を目指したいのか」という、大きくて答えのないテーマになった瞬間に明確な目標設定をするのは、本当にたいへんなプロセスです。

「頭に汗をかいて考え抜いて」、そして最後は「自分で決めなければならない」。

たとえば、「21世紀を生き抜く力を身につける」について自問自答してみましょう。

①　あなたにとって「生き抜く」とは、具体的にはどういう状態を指しているのでしょうか？

1　少なくとも職にあぶれないこと？
2　エリート層として高収入を得ること？
3　自分が定義する「幸せ」を手に入れること？

4　どんな社会になっても、どんな環境変化においても、自分の人生を自分で決める力をもち続けること?

②　では、「21世紀を生き抜く力を身につける」と言ったとき、あなたは、いつまでの時間軸で身につけることを想定していますか?

1　いますぐ?
2　少なくとも五年後?
3　少なくとも一五年後?
4　それとも三〇年後?

③　あなたにとって、なぜ21世紀を生き抜く力を、その時間軸で身につける必要があるのですか?　その理由は何でしょう?

④　では、その時間軸で「21世紀を生き抜く力を身につけられた状態」とは、どういう状態なのでしょうか?　「ああ、身についたのかもしれない」と自分が、事実で確認できる瞬間があるとしたら、どんな事実でしょう?

さて、明確に答えられた質問は、いくつあったでしょうか？

先述の登山家の山田君に「なぜわずか二年半でエベレストに登れたと思うか？」と尋ねたら、こんな答えが返ってきました。

「それは、二年半でエベレストに登る、と決めることができたから。そこからブレなかったことがすべてです」

エベレストの登頂成功率はわずか二〇％。しかも死亡する確率が一％。

「つまり、チャレンジしたとしても、五人に一人しか山頂に到達できない。一〇〇人に一人は死んでしまう。親は猛反対です。しかも登ろうと思うと二〇〇〇万円以上の資金を調達しなきゃならない。体をちゃんとつくらなきゃならないから、〈それ以外のことをやらない〉くらいの覚悟がいる。本当に登るのか？　と思い始めたら、どんどん登れなくなるんです」

結局、と彼は言います。

「ゴール設定がブレなくて、そこに注げる熱量が一定以上あれば、多少方法論が甘くてもなんとかなる。最短距離をいけるかどうかよりも、何事にもちゃんとゴール設定できるかということが、大事だと思います」

「目指すものを明確に定義する力」はこれだけ重要なのですが、「こういうステップで考えていけば明確になる」という方法論や技術は、残念ながらありません。

ただ、「いまの時点で、自分が目指すものを明確に定義できているか」を確認し続ける方法論はあります。

それは、最初に申し上げた三つの問い――**なぜ、具体的に、いつまで**――を「**自問自答**」**し続けること**です。

問1　目指すものを達成したときの状況が、映像で思い浮かぶ、またはデータで確認できるか？（具体的に）

問2　それはいつまでに達成したいのか？（いつまでに）

問3　結局のところ、何のためにそれを目指したいのか？（なぜ）

この質問に対する答えを人に説明したときに、理解してもらえるか。共感してもらえるか。納得してもらえるか。

それがまずは、21世紀の「考える力」を実践できたかどうかの、最初の試金石になるでしょう。

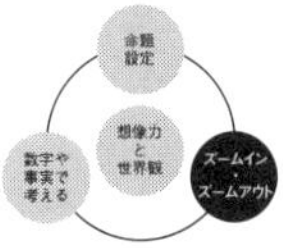

②要素分解したうえで、ズームイン・ズームアウトする

目指すものが明確に定義できたら、次に考えなければならないのは、「**それをどう達成するか**」です。

考えるステップとしては、方法論に最初に飛びつくのではなく、「なぜいま、それが実現できていないのか」を考えます。

すなわち、「現状」と向き合って本質的な課題を見つけ、「どうやって解決するか」、つまり、その本質課題を解決する方法論を考える、というプロセスをとるのが正攻法です。

このプロセスに必要なのが、「**細かく砕いて、核心に迫る力（ズームイン力）**」と、「**思考や発想の枠を広げる力（ズームアウト力）**」です。

「物事を構造的・論理的に整理する力」が必要といわれていますが、なぜ必要かというと、このズームイン・ズームアウトを自在に行うための「要素分解された全体図」がいるからです。

〈ズームインする〉

いろいろな要素分解の方法がありますが、いちばん分かりやすいのは、たとえば「登山する」までのステップに分解していくことです。

たとえば、「山が好き・興味がある」→「山に行こう、と思うきっかけがある」→「具体的に登山予定を決める」→「山に登る」→「好きになってリピートする」。

こうやって全体像を要素分解したうえで、それぞれのステップに、大まかに全人口のうち何割がいるのかを解明すれば、

「そもそも山が好きな人が少ないのか」
「山は好きだけどきっかけがない人が多いのか」
「きっかけはあるが予定まで決めない人が多いのか」
「予定は決めたけど行けない人が多いのか」

「行ったけどリピートしない人が多いのか」

というふうに、課題の所在をある程度絞り込むことができます。

そして、「きっかけはあっても、予定まで決めない人が多い」ことが判明したら、そこに焦点をあてて、**「それはなぜか」を掘り下げる=「ズームイン」していく**ことで、さらに核心に迫っていくわけです。

〈ズームアウトする〉

一方、ズームアウトする力とはどういうことなのでしょうか?

ズームアウトするというのは、いったん全体像だと思われる要素分解図を描いたあとに、**「そもそもこの外側に本当に何もないのか」を考えてみることです。**

たとえば、先ほどの「登山人口」についての要素分解図は、山が好きな人→きっかけがある人→予定を決める人→行く人→リピートする人という構図でしたが、ここから「ズームアウトする」ということは、**「そもそも山好きな人から始めるのでいいの**

か？　山好きに限らず『自然好き』な人であれば、きっかけさえあれば山登りするのでは……」と考え始めることです。

これをどんどんズームアウトしていくと、**「そもそも目的は、本当に登山人口を増やす、でいいのか？」**という問いにまでたどり着きます。

日常のビジネスでは、細かく砕いてズームインするタイプの仕事は多いのですが、**「そもそも……」**と一歩引いて考えるズームアウトを意識的に繰り返す機会は、それほどないかもしれません。

結果、この「ズームアウト」を忘れて、限られた思考の枠組みの中だけで突き進んでしまうことも多い気がします。

たとえば、「売上を上げるために営業職が足りない」と言われれば、「営業職を増やさないといけない」という具合に考えてしまうわけです。

でも、ちょっとズームアウトすると、

「営業職じゃない人に営業してもらう形ではどうか？」

「いや人数を増やさずに、営業の配置効率や、モチベーションを上げることで売上を上げられないか?」
「そこは人に頼らず、オンライン販売を導入できないか?」
「そもそも、本当に売上を上げなければいけないのか?（利益が上がればいいんじゃないか）」
という発想が出てきます。

ズームアウトが大事なのは、なんとなく**無意識に前提条件としていた常識や固定概念を打ち破るきっかけになる**からです。

必要なら、そもそもの「目的」にまで立ち返って考え直すこともできるのです。

〈ズームイン・ズームアウト力を鍛える〉

21世紀は、一見すると非常に複雑で、前例のない問題が多いのですが、「筋よく砕いて核心に迫るズームイン」と、「これまでの発想を超えて考えるズームアウト」を行ったり来たりすることで、ぼやっとしていた「レントゲン写真」がより鮮明に見えてきます。

ズームイン・ズームアウト力を鍛えるには、**何度も考え何度も反芻する「思考体力」を鍛える**以外に方法はありません。

もちろん「もれなくダブりなく」構造化できるビジネスフレームワークをたくさん覚えてもいいのですが、多くの場合、整理には使えるものの核心まで迫れなかったり、ズームアウトがしにくいことが多いものです。

ですから、まずは自分の頭で考えて書いてみること。そして何か自分がモヤモヤしている間は、自問自答や書き直しをやめないことです。

紙と鉛筆を湯水のように使い、何度も書き直し、何度も自問自答し続けるのです。

しつこく続けていると、やがて何か視界が開けたようなスッキリする瞬間がやってきます。そのときこそ、「定義した目指すもの」と「いまの自分」をつなぐ道が、かすかに見えているはずです。

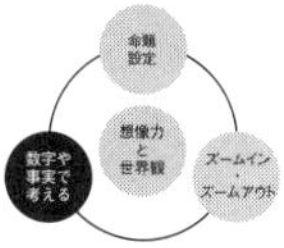

③事実と数字で考える力

ズームインするにしても、ズームアウトするにしても、「いったい本当は何が起きているのか?」「それは本当か?」を常に**「数字や事実」で考える**ことは重要です。

・この問題は本当に重要な問題なのか?
・なぜそれが物事の核心だと思うのか?
・本当にその打ち手は効果があるのか?

これを経験則や感覚で判断してしまうと、「本当はそうではない可能性」を絶対に消すことができません。よくよく調べてみたら、ごく一部の小さい現象を「すべて」だと勘違いしていたり、実際には極めて重要問題にもかかわらず、先入観で「小さいことだ」と判断してしまっていたりすることはよくあります。

先の山田君が、「山ガールブームで登山人口は増えた」という世の中の定説を安易に信じることなく、「本当にそうなのか」を「レジャー白書」のデータととことん向き合って考え抜いたのは、何のバイアスもかかっていない客観的事実（数字）で、本当は何が起きているのかを正確に理解するためです。

たとえば、あなたが自動車工場の社長で、工場監査で「部品の不良率が〇・〇一％に下がりました。極めて順調で問題ありません」との報告を受けたとします。

さて、その報告を鵜呑みにして問題ないのでしょうか？

1 「意見や判断」と論理的「事実」を明確に分ける

部品の不良率が〇・〇一％に下がったということは事実です。「以前に比べて改善している」ということは言えると思います。

でも、この不良率〇・〇一％というのは、本当に「問題ない」と言えるのでしょうか？

〇・〇一％というのは確かに小さい数字に見えるので、感覚的には問題ないように思えますが、それはあくまで「感覚的な意見・判断」です。

まずは「事実」である不良率〇・〇一%と徹底的に向き合ってみましょう。

2 「規模感」を数字に落とす

不良率〇・〇一%というのは、どういうことなのでしょうか？ もう少し実感がわく規模感の数字に落としてみましょう。

たとえば、「一万点に一点の割合で不良がある」というふうに置き換えると、もう少し規模が見えてくるはずです。

3 自分が実感のわく数字と「比較する」

では、一万点に一点の割合で不良があるということは、「問題ない」と言えるかを見極めるためには、どうすればよいでしょうか？

いちばん大事なことは、自分の実感のわくものと比較をすることです。

たとえば、部品といわれるとピンときませんが「車の台数」に置き換えれば判断できそうですよね。

さて、一台の車には約二万点の部品があります。

つまり……一万点に一点の割合で不良部品があるということは、

単純に言うと、すべての車に二箇所ずつ不良があるということになる（！）。

数字や事実で考える力とは、**こういう検証プロセスを自分の頭の中で迅速に行える力**のことです。

決して、難しい数式を使ってエクセルで計算する力を求められているわけではありません。求められているのは、ほぼ暗算で、必要なら計算機ひとつあれば、ぱぱっと確認できるレベルの思考です。

数字や事実で考えるうえで、もうひとつ重要なことは、

4 「元のデータにあたって、その定義の確認をする」

ということです。

メディアだけでなく、他人を通じて伝わってくる情報分析は、必ず「加工」した人の「フィルター」にかかっています。原データのほんの「一部」を切り取ってそう解釈しているだけだったり、データの定義が曖昧だったり、調査サンプル数や調査対象

範囲・期間が明確でないことも ままあります。

たとえば先ほどの例でいうと、部品不良率の○・○一%というのは、具体的にどういう方法で計算しているのか? **分母(対象部品の範囲)は何で、分子(不良部品の定義)は何か?**

部品不良率が下がったのは、分母が増えたのか、分子が減ったのか。それはなぜか?

定義を明確にしてみたら、部品不良率が下がったのは、単に「不良部品の検出方法が変わった=不良部品の定義が変わった」だけということも、実はよくあることなのです。

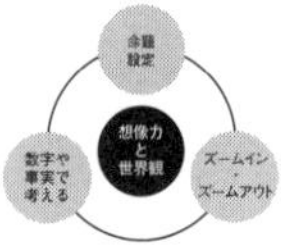

④想像力と世界観を広げる力 ――世の中のさまざまな情報との接点をどうもつか

私の育った田舎では、当時、中学生は「白いヘルメット」を被らなければならないという校則がありました。工事用の白いヘルメットです。

しかもこの校則はたいへん厳しかったので、なんと自転車に乗っていようが徒歩で歩いていようが、それが平日の通学途中であろうが、休日に家族と出かけるときであろうが、「常に」ヘルメットを被っていることが求められていました。

ですから、休日にスーパーやショッピングモールに行くと、白いヘルメットを被った中学生がそこかしこにいるわけです。

いまでこそ「冗談でしょ」と笑い話のネタになりますが、当時の私にとって、それは「ふつう」の世界だったのです。

中学になるまで、その田舎町を一週間以上出たことのなかった私は、「中学生というのは、ヘルメットを被るものなのだ」と理解していました。自分が小学六年生になろうというときには、「ああ、そろそろ中学生だなあ、習字の先生に頼んで、自分のヘルメットに綺麗に名前を書いてもらう手配をしなくっちゃ……」などと思っていたくらいです。

その奇妙な「ヘルメット校則」は、もちろん時代の流れとともにやがてなくなりました。ただ、大人になり、その奇妙な校則の話を人に話すたびに、当時の幼少期の自分の感覚が蘇ってきて、「世界を知らないこと・視野が狭いこと」の怖さを、改めて実感するのです。

〈そもそも疑問をもたないのであれば、莫大な量の情報も、何の役にも立たない〉

いまやインターネットで検索すれば、だいたいの情報が手に入る時代になりました。テレビをつければ、衛星放送も含めると自動的に大量の情報が流れてきます。YouTubeには、ありとあらゆる最新の考えや思考が詰まった映像が、ひっきりなしに上がっています。

私たちは間違いなく、三〇年前よりも容易に最新の情報を得ることができる世界に生きています。「自分がほしい情報」をピンポイントで見つけるのはとても簡単です。

でも、「ヘルメット校則」を当然の世界だと一ミリも疑っていなかった当時の自分を振り返ると、たとえ、当時Googleがあり、家にパソコンがあったとしても、ヘルメット校則について疑問をもって調べてみる、なんていうことはしなかったかもしれません。

疑問をもつことすらないわけですから、いくら「目指すところを決めて、ズームイン・ズームアウトする」「数字と事実で本当かを考える」力を身につけたとしても、そもそもその校則について、**「考え始める」プロセスが始まらない**のです。

世の中のさまざまな情報との接点をもっていること＝情報リテラシーは、考える力の本領を発揮するための核＝「エンジン」です。

起こっているすべての情報をすべて理解できるわけはないし、状況は日々刻々と変わっているので、誰にでも当然、限界はあります。だからこそ、「自分の想像力と世界観」を広げる力がとても大事になってくるのです。

私が社会人になってから受けた授業で非常に印象に残っているもののひとつに、中国の大学で長年教鞭を振るっている先生が中国人と日本人の歴史観・価値観の違いを語られた講義があります。

彼は、日本人と中国人の世界観の違いをこのように説明しておられました。

「中国人というのは、パチンコ玉のような人々です。基本的には論語の時代から、個人が得になることを当然のように選択していく、という価値観がある。だから本来、なかなか統制がきかない。中国でビジネスをやるのが難しいのは、そういう価値観が背後にあるからです。
だから共産党という非常に強いパワーで、「ここから出てはいけない」という枠組みをつくる必要もあるし、厳しい情報統制をする必要がある。
でも、彼らは自分たちが情報統制されているのを分かっているので、その世界がすべてだと思っていない。みな、なんとか裏ルートで外の事情を調べたりするしたたかさとたくましさをもっています」

「これに比べ日本人は、押し寿司のような人々に私には見えます。みな、ある程度同じ価値観、世界観をもっている。だから特に政府は情報統制することもしない。でもその実、マスメディアに流通する情報は、意図的に選別されたり、予め伝えたいメッセージが決められていたりする。

でもその世界にとどまらず、自分で外の世界を確認して考える、みたいなことはあまりしないですよね。もっとそうしたほうがいいと、個人的には思いますが」

〈より広い世界で、実際に「体験」してみる〉

私は映画が大好きで、実はマッキンゼー時代にどうしても映画産業の世界に触れたいと思い、三ヵ月休みを取ってハリウッドに勉強しに行ったことがあります。

私が参加したのは、ジョージ・ルーカスやロバート・ゼメキスの出身校として知られている南カリフォルニア大学の映画スクールのサマープログラム。ここで受けた「Breaking Into Film Industry（映画業界に入るには）」という授業は、たいへんユニークなものでした。

毎回宿題が出るのですが、先生から分厚い電話帳のようなものを渡されるわけです。中には、ユニバーサルだのディズニーだの主要な映画会社やら、トム・クルーズの個人事務所まで、業界関係者の代表の電話番号が載っています。

「この中であなたが会いたいと思う三人の人に来週までにアポをとって、三〇分のミーティングをして来ること。そしてそのミーティングの内容をみなに共有すること。それがあなたたちの宿題です。

もしあなたが十分チャーミングな人で、幸運の女神が味方してくれるようであれば、このミーティングそのものが、あなたのハリウッドでのキャリアの第一歩になるでしょう」

ハリウッドには、映画業界に携わりたいという夢をもった若者たちが、世界中から押し寄せてきます。「最初は無給でもいいので、チャンスがほしい」という人ばかり。過去の学歴やビジネスキャリアは、ほとんど通用しない。

要するに、最初に自分から「自分の境界線」を超えて、この業界の人に会うアクションをとらなければ、何も始まらないのです。

ちなみに、私が電話をかけたのは、「デスパレートな妻たち」「セックス・アンド・ザ・シティ」など、数々のヒットドラマを制作しているＨＢＯのプロデューサーでした。

拍子抜けするくらいにすんなり会ってくれた彼女はとても気さくな人で、私が「映画の制作現場も一度見てみたい」と言うと、「あ、じゃあ、いま、一本映画を撮っているから、その現場に行ってみたら？　話を通しておくから」と言って、撮影現場の場所と時間を教えてくれました。

そして、実際に行ってみると、撮影中の監督の隣に座ってカメラチェックを見させてくれたり、スタッフが食べるケータリングのランチをご馳走になったり。

「こんなに待ちの時間が長いのか」というのが、いちばんの驚きでしたが、ＨＢＯのプロデューサーから話が通っているというので、監督からスタッフまで歓待してくれ、映画好きの私にとっては忘れ得ぬ時間となりました。

後日談として、「映画がつくりたい」熱に火がついた私は、このとき知り合ったプロデューサー、映画スクールの先生と意気投合し、「日本とハリウッドをつなげる映画ファンドをつくろう！」と盛り上がります。

当時ハリウッドと太いパイプのなかった日本のテレビ局に声を掛け、「日本TV局初のハリウッド映画ファンド」をつくり、何本かの映画を制作するスキームをつくれないかとテレコンで提案したり。そのビジネスプランをつくってみたりもしました。残念ながら「ハリウッド映画ファンド」の企画は、結果として実になることはありませんでしたが(笑)、この一連の経験は、私にとって新しい世界の扉が開いた経験でした。

ロジックと数字とグラフ一筋で八年以上やってきた私が、七割方理屈ではないエンターテインメントの世界に触れ、「ストーリー」や「映像」が人を動かすパワーを体感したこと。そして何よりも、「いざ飛び込んでみたら、意外にいろいろできるものだ」と悟ったことが何よりの成果でした。

いつも同じ世界に住んで、その中で考えていると、どうしても「白いヘルメット現象」のようなものが起きてしまいます。

特に、日々進化していく世界との関係を「良好」に保つうえでも、自分の「考える力」をフレッシュに保ち、活性化させるためにも、**自分の周りの見えない境界線の外**

に出て、新しい事実や数字に触れることを、定期的・意識的に行うことが重要です。

外との接点を広げて思考の幅を広げるという意味では、いろんなアクションが考えられますが、私の経験上、「ちょっと無理かな……」と思っても、やってみると意外にいろんな人に会えたりして、さまざまな情報や知識に触れることができるものです。たとえば、次のようなことなど、躊躇せずにいろいろトライされてみることを、お勧めします。

・海外メディアの情報はチェックする
・興味のある大学の講義やイベント企画に参加してみる
・「会ってみたい」と思った人に（面識がなくても）会う
・違うジャンルのプロと組んで仕事をしてみる
（研究者、アーティスト、アスリート）
・まったく違う世代や行ったことのない国の人と接点をもつ
・海外を旅する

第二章
21世紀スキルとは何か?――「考える力」「共創する力」「進化する力」

2 共創する力

強いチームというのは、個人があってチームがあると思うんです。個々がもっている力を発揮して、役割を果たして、それが結果としてチームとしての力となる。

でも、弱いチームは、個々がもっている力が発揮されない。だから勝てない。

——イチロー

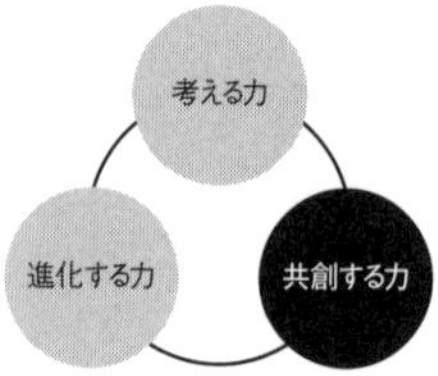

「考える力」は、正解がない中で、「どこを目指して、何のためにどう変化したいか」を自分自身で定める力でした。次の「共創する力」を身につけるということは、その**目指す変化を「実際に創り出す」ための「実践力」をもつ**ということです。

多様な人々とアイデアを出しながら問題解決をしていくわけですが、はじめは誰もが「具体的な解決策が見えていない」ところから始まるのが21世紀型です。

実際、論理的な分析をごりごり続けていれば、誰もが「正解」の解決策にたどり着く、という課題は、どんどん少なくなってきています。問われている課題の多くが、既存の枠組みを大きく超える「変化」を前提にしているからです。

「一〇年後を見据えた会社のビジョンをつくりたい」
「世の中の生活を一変するような、本当にインパクトのある商品をつくりたい」
「いままでのビジネスモデルはもう通用しない。新しいモデルをつくりたい」
「今後一〇年—二〇年を担う次世代人材の採用・育成プランを考えたい」
「女性がもっと活躍する社会を創りたい」

こういうテーマにとりかかろうと思うと、多様な人々を巻き込んで、知恵と情報を出し合い、そのときにベストと思う解決方法を編み出していくしかない。

文字通り、**「これまで考えたことのなかった新しい解決策を共に生み出していく力」＝「共創する力」**が求められているのです。

「共創する力」は、三つの要素とそれらを支える核（エンジン）から構成されます。

共創する力の三つの要素

①場を創る力
必要な「場」の性質を理解して、それに相応しいチーム・議論の環境を創る力

②ベストな答えを共に紡ぎ出す力
本質的な問いからブレないようにし、多様なチームの知恵を引き出し、コンフリクトから逃げずに、その時点でベストな「答え」を紡ぎ出す力

③形にして実行する力
具体的な「形」に落とし、やってみる力

そして、これら三つの力を発揮するうえでのエンジン、いわば「核」となるものが、**多様な他者の力を尊敬し、信頼する力**です。

それでは、それぞれについて具体的に見ていきましょう。

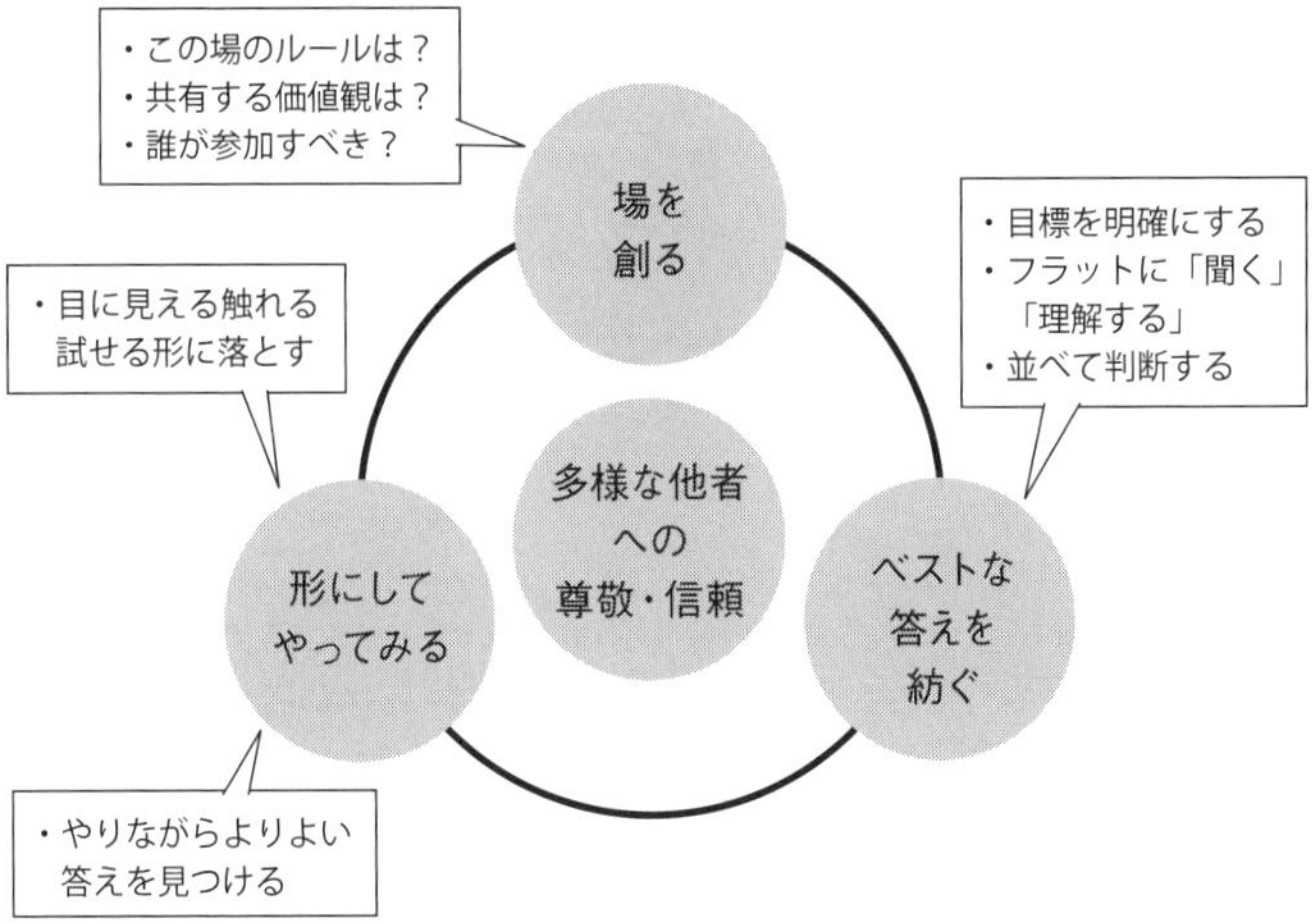
・この場のルールは？
・共有する価値観は？
・誰が参加すべき？
場を
創る
・目標を明確にする
・フラットに「聞く」
「理解する」
・並べて判断する
・目に見える触れる
試せる形に落とす
多様な他者
への
尊敬・信頼
形にして
やってみる
ベストな
答えを
紡ぐ
・やりながらよりよい
答えを見つける

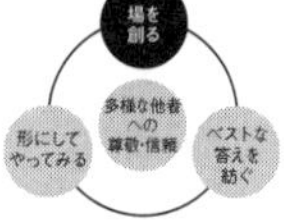

① 場を創る力

とある企業で、これからの商品戦略をどうしていくのか、という議論をしていたときのことです。テーマは、「一〇年後の世の中を変える、ブレークスルーのある全社的な商品・サービスのコンセプトを考えること」。

ふだんは各事業の商品戦略を担当されている方々が一堂に会して、まずは「こんな未来を創りたい」というアイデアを大量に付箋に書き出していきます。

次はその全員分の付箋を会議室の壁に貼り、どういう趣旨でそれを書いたのかを説明していく。

そして、最後に似たようなものをグルーピングして、「こういうことですかね……」といくつかのテーマごとにアイデアをまとめていく。

このプロセスで、一応、三つぐらいのテーマが見えてきます。

けれども……。

「うーん、まあ、そうかな……」

会議室にいた二〇人は、なんとなくモヤモヤした感じ。

確かにそれはそうなんだけど、何かどこかひっかかる……というか、そもそも全体を通じて、場がイマイチ盛り上がらないのです。

「引き続き明日の朝の会議で継続議論しましょう」ということになりますが、主催している事務局は頭を抱えます。

「本当の未来のブレークスルーを創ろうって感じは、全然しませんでしたね。何か少し予定調和的というか、お互いに遠慮してるというか……」

どう次の会議を運営しようかと議論していると、事務局最年少の若い女性が立ち上がります。

「じゃあ、ちょっと私、仕立てを考えますね」

次の日の朝。

会議室を準備している彼女を見て、事務局はみな、仰天します。

セサミストリートの赤いエルモのぬいぐるみ。

「ワタシが幹事」の腕章。

クイズに使う○×△の札。

手首につける色とりどりの紙テープ。

テーブルにはお菓子とおつまみ。

iPhoneにステレオをつないで音楽がかかっている。


「ワタシが幹事」の腕章をつけた彼女は、第二回会議を始めます。

「じゃあ、まず自己紹介から始めます。自分の子どものときのあだ名と、座右の銘を話してください。自己紹介する人は、エルモ持ってくださいー」

会議室に集まった二〇人の部長陣は、最初この異様な雰囲気にかなり戸惑い、困惑していたのですが、赤いエルモを持ちながら自己紹介を始めるうちに部屋の空気ががらっと変わっていきます。

ちょっと自己紹介が長引くと、「あ、XXさん、長いんでもういいです（笑）」と突っ込みが入ったり、お互いの昔のあだ名とその由来に大爆笑したり。

「自己紹介が終わった人から手首にテープを巻かせていただきますね。今日一日は外さないでください。未来を創るチームの証ですから」

ご想像の通り、前日とは打って変わって、その後はなんでもありの率直な発言が飛び交う、非常に活発な「共創」の場となりました。

さて、彼女のやったことは、いったい何だったのでしょうか?

セサミストリートのエルモや「ワタシが幹事」の腕章には、どんな意味があったのでしょう?

私はこのときのことを思い出すたびに、共創する「場」をちゃんと創る大切さを痛感します。

「相応しい場を創る」というのは、次の二つです。

・その場の物理的・心理的な環境を、これから行う問題解決にとって必要な形に整えること
・参加者全員が共有すべき目標、価値観、暗黙のルールを共有すること

机があるかないか、机の位置が近いか遠いか、音楽があるかないか。それひとつでも、参加者の心理状態は大きく変わります。

ここでは「何でもあり」なのか、それとも一定の立場と枠組みの中にある通常業務の延長なのか。

「自分たちが決めていい場」なのか。それとも「誰かが決めたことを実行する場」なのか。

これらをどう参加者が感じるかでも、議論の質が変わります。

世界中から新しいものを創りたい人々が集まり、常に新しいアイデアを生み出しているシリコンバレー。そこでは、たとえば、デザインコンサルティング会社ＩＤＥＯの受付ラウンジの机が紙でできていたり、人気レストランのテーブルに白い紙が敷かれ、何色もの色鉛筆が置いてあったりします。

「誰もが遊び心満載で働いている」

「ぱぱっと集まり、絵を書いてブレストして、その場でどんどん決めていく」

紙と色鉛筆ひとつとっても、ここはそういうイノベーションの場なのだ、という強いメッセージを感じます。

彼女が会議室に持ち込んだ赤いエルモのぬいぐるみや、「ワタシが幹事」の腕章や、iPhoneでかけた音楽や、「子ども時代のあだ名」の自己紹介や、手首に巻くパーティテープは、

「この場は、通常業務の延長ではない。むしろ思い切り飛んで自由になるべき場なのだ」

という、一貫した場のメッセージと価値観を「体験的」に創り上げたのです。

「この場で最終的に目指したいものは何か?」
「そこに向かううえで、この場で共有すべき価値観・ルールは何か?」

特に21世紀は、「いつもはあまりいっしょに仕事をしていない」多様な人々が場をひとつにして、議論しなければならない場がどんどん増えていきます。

るのです。

「はじめまして」ですぐにチームアップしなければならないことも多い。だからこそ、最初に、場の価値観やルールをその場にいる人々と「瞬時に」共有することが、これまで以上に重要になってくるのです。

そもそもどういう人を呼ぶのか。場の雰囲気はどうデザインするか。場の位置づけをどう説明するか。そのときの資料。声のトーン。自分の服装。使う色……。

これからの時代は、共創する場の「価値観やルール」を形づくる**「場のトータルプロデュース」力**が、より強く求められていくものと思います。

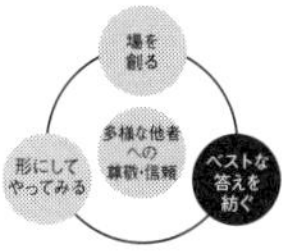

②ベストな答えを共に紡ぎ出す力

場を創ったら、次は限られた時間の中で、多様な人々との議論を通して、「その時点でベストな答え」を紡ぎ出す力が必要になります。

大事なことは、「議論のための議論」ではなく、「その時点でのベストな答えを紡ぎ出すための議論」が必要だということです。

ビジネスの場では、こんなに「会議＝議論」が日常業務の重要な役割を果たしているにもかかわらず、**「想定外の問題に対して、限られた時間で議論してベストな答えを紡ぎ出す」**という点についていうと、私たちはあまり得意ではないように思います。

実際、私がよくやらせていただく「ファシリテーション研修」では、架空の赤字会社を舞台に、お互いに異なる情報や思惑をもつ部長や現場関係者になりきって、一時間の会議を何回かやっていただくのですが、その時間内に結論が出て、明確なアクションに落ちることはとても稀です。

「今日の議論では、大まかな方針だけ決まったということで……」

「では、次回までの宿題ということにしましょう……」

限られた時間で議論をし、ベストな答えを出すことは、そう簡単ではありません。

なぜでしょう?

・参加者はみな、異なる情報、異なる視座、異なる経験、異なる価値観をもっている

・同じ言葉でも、違う理解をしていることはままある

・人としての「思惑」や「感情」もそこには存在する

・正解はないし、対立も発生しうるが、最後は「誰かが決めなければならない」

こんな状況で、かつ時間制約がある中で、想定外の問題を解決するのですから、難しいのは当然です。

想定外の課題に対して、限られた時間で多様な人々との「創発」を重ね、結果として「ベストな答え」を導くには、どんな力が必要なのでしょうか。

たとえば、あなたがNASAの飛行管制チームのリーダーだったとします。月に着陸するはずだった有人ロケットがなんらかの理由で月のほんの手前で故障。状況が一〇〇%把握できるわけではない中、もち得るすべてのチームの英知を結集して、三人の飛行士を地球に生還させなければならない。

時間は刻々と過ぎていく……

かの有名なアポロ13号の事故は、まさにそういう状況でした。

地球から月までの距離の約五分の四、三二万kmのところで機械船の酸素タンクが爆発、電力を供給する燃料電池も使えなくなる絶体絶命の状況に陥ったのです。

アポロ計画ではあらゆる事故を想定してシミュレーションを行い、マニュアルが作成されていましたが、この事故は「想定外」でした。しかも事態は刻々と変化し、限られた時間内にいくつもの重大な決断を迫られます。判断を誤れば宇宙飛行士の死に直結します。

これから始まるのは、三人乗組員を奇跡的に生還させたドラマを再現した映画「アポロ13」の一幕です。

ＮＡＳＡの飛行管制主任は、白いベストを着たエド・ハリス演じるジーン・クランツ。飛行管制チームの十数人が、彼を中心に黒板の前に集まります。

ジーン：よしみんな、聞いてくれ。飛行計画はすべて忘れろ。この現場で新しい計画をつくる。三人の飛行士たちを地球に戻す。

地球がここ、月がここ。彼らは現在この月の手前にいる……。回れ右させるか……？

技術者Ａ：いや、それはダメだ。自由帰還軌道に乗せるのがいちばん安全でしょう。

ジーン：そうだな、回り道かもしれないが、月の引力を利用したブーメラン方式で帰る方法……。

ジーンがそう言った瞬間、他の技術者が声を荒げます。

技術者Ｂ：いや、そこまで彼らの生命維持ができるか？　今すぐ司令船のエンジンを逆噴射して回れ右させるべきだ。

映画「アポロ13号」でエド・ハリス演じるジーン・クランツが他の飛行管制チームスタッフと議論するシーン。 ©1995 Universal Pictures/mptvimages/amanaimages

技術者A:……でも、もし司令船のエンジンが破損していたらどうする?
技術者D:爆発して、みな一巻の終わりだ……。
技術者B:だが、時間を考えればそれしかないだろ!

チームはしばらく言い合いになりますが、その様子を見たジーンは、こう割って入ります。

ジーン:……おい、みんな冷静になってくれ。
回れ右するためのエンジンは司令船にしかない。でも、すでに損傷を受けている可能性がある。点火して爆発したらすべて吹っ飛ぶ。リスクが高すぎる。その選択肢はとれない。残る選択肢は、LEM（月着陸船）だ。これを地球への再突入用のエンジンに使う。つまり月の自由帰還軌道に乗せるしかない。月を回ったらLEMのエンジンを噴射して地球に戻す。

技術者C：LEMを設計したグラマン社の専門家の意見はどうなんだ？

グラマン社：何の保障もできないよ。我々は月着陸のためにLEMを設計した。再突入時のエンジン噴射のためじゃない。

それを聞いたジーンは、グラマン社の担当の目を見て、ゆっくり念を押すようにこう言います。

ジーン：……だが残念ながら月着陸計画は流れた。いまは何のために設計されたかは問題じゃない。何の役に立つかだ。そのことを忘れないでほしい。

・・・・・・

不眠不休で議論するチーム。

ジーンは、これまでの進捗を黒板にまとめます。

ジーン：君たちの計算だと、残された時間は四八時間ってことか？　それだと彼らを地球ここまで（地球まで約半分のところ）しか帰せない。……これじゃダメだ。

いやしかし……と場がざわつく。すると、技術者のひとりがハッとしたように気づいて発言します。

技術者D：……おい、みんな、待ってくれ、問題は電力だ。電力がすべてだよ。交信、軌道修正、遮熱板調整、すべて電力だ。いますぐ電力をカットしなきゃ再突入不能になる。

ジーン：電力カットだって……？

技術者D：現在の電力は六〇アンペア。このままだと電池は一六時間で干上がる。四八時間じゃない。一二アンペアに落とすんだ。

他の技術者たちは冗談だろ、という表情。

技術者E：一二アンペアじゃ掃除機もかけられないぜ。
技術者D：じゃあ、レーダー、暖房、モニター盤、誘導コンピューターの電力がすべてなくなってもいいのか？

それを聞いて、ひとりの技術者が深刻な表情でこう言います。

技術者F：……確かに、コンピューターがなきゃ、再突入時に噴射方向が分からない。噴射方向が分からなければ、彼らを地球には戻せない。

電力だ、と言い出した技術者は、ジーンに詰め寄ります。

技術者D：こうして議論してる間にも電力が消費されてる。いますぐやらなきゃダメだ！
ジーン：それしか方法はないのか？
技術者D：代案はないです。

ジーンは数秒黙って考え込んだうえで、こうチームに告げます。

ジーン:……分かった。電力カットだ。二日後には冷凍状態の司令船を起動させて再突入に使う。

技術者F:そんなのこれまでに前例がない。

技術者B:シミュレーションテストさえしてない。

ジーン:……テストしよう。シミュレーターでやってみるんだ。

彼は立ち上がり、堅い決意を秘めた強い口調でチームに指示を出します。

ジーン:いいか、スイッチ、回路、トランジスターから電球まで、設計者と取り付けた人間をすべて呼び集めろ。一アンペアでも電力を削減しろ。彼らが地球に帰ってても余裕が残るだけの時間をつくるんだ。

おれが担当のうちは絶対に飛行士は殺さない。我々に失敗という選択肢はない。

・・・・・・

アポロ13号の状況は極めて緊迫した事態ですから、口調やコミュニケーションスタイルはかなり厳し目です。

でも、この飛行管制リーダーのジーンの「議論の進め方」は、未知の問題に対して、限られた時間内に、人々の中からベストの答えを紡ぎ出す力の「本質」が詰まっているように思います。

・答えを出すべき「本質的な問い」を極めて明確に定義している。そして、一貫してその一点のみにチームの頭を集中させている。

・チームの意見や知識をフラットに引き出し、その背景とロジックを理解・比較しながら、最後は自分で判断・決定している。

（決して自分が考えた解決策をチームに指示しているわけではないし、チームにすべて判断させているわけでもない）

・たとえ難しい壁にぶち当たっても決して逃げず、問題解決をやめない。

（「地球まで帰還できる時間を捻出する」「電力を一アンペアでも削減する」）

ファシリテーション研修で模擬会議をやっていただくと、会議の参加者役の方から会議を進行するリーダー役の人に対して、たくさんの「率直」なフィードバックが噴出します。


「上から目線な感じで、ちょっとムカついた」

「結論が強引で、押し付けられた感じ」

「もっと話を聞いてほしかったのに、表面的な質問で終わった」

または、

「みなの意見を聞いてまとめているけれど、結局、何も決まらない」

「結局ゴールがなんだったのか分からない」

「あまりに司会者的。結果、議論がぐるぐる回っている」


要するに、多様な人々との議論を通じて「ベストな答え」を導くには、「明確なゴールを指し示せなければダメ」で、「自分の考えを押しすぎるのも、自分の考えがなさすぎるのもダメ」ということです。

ここで、まとめておきましょう。

・ブレない明確なゴールを示す。
・そこに向かうために人々が編み出した、知恵や意見をフラットにきちんと理解する。
・それらを机に並べて、先を見据え全体を見たうえで、自分がベストな判断をする。
・たとえ難しい壁にぶち当たっても、簡単に問題解決を諦めない。

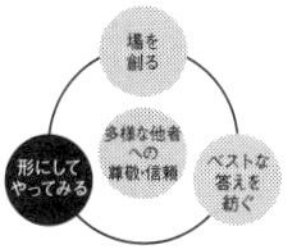

③アイデアを形にして実行する力

「イノベーション」について、多くの有識者が集まって議論するという、とある会議に出席したときのことです。

日本のパネリストの方の多くは、「これからイノベーションを起こしていくためには、多様な人々が集まって議論する場の枠組みやプロセスが必要」という話をしていました。ところが、その話がひと段落し、シリコンバレーから出席していたパネリスト、TechShop（第一章参照）のCEOに「イノベーションを生むために必要なものは何だと思いますか？」とモデレーターが質問したとき、彼の口から出てきた答えは、それまでの空気を一掃するものでした。

「これからの時代、本当にイノベーションを生み続けたいなら、とにかく機関銃を撃ちまくることです」

「イノベーションという概念そのものが、これまでの時代と、これからの時代では、質的に大きく異なっていると思う。

これまでは会議室の中で、一定の資本や設備をもつ限られた組織に属する人々が〈イノベーション〉を起こしてきた。でも、これからは、世界中の文字通り〈すべての人々〉が、新しいアイデアを出し合い、お互いに協力しながら、新しいものを生み出すことができる時代になっている。

つまり、イノベーションは毎日、世界中で誰もが起こし得る。

あまりにたくさんのイノベーションがものすごい勢いで起きる世界になる以上、本当によいもの以外はすぐに世の中に淘汰されていく。しかも、どれが残るかは誰も予想がつかない。

逆にいえば、本当に世の中に根づくイノベーションを起こしたければ、とにかく早く、たとえ完璧じゃなくてもいいから、速く、たくさん、機関銃を撃ちまくり、世の中の反応を見て、そこから進化し続けるしかない」

「共創する力」の最後の大きなハードルは、**アイデアを具体的な形にして、まずは**

やってみることです。

TechShopのCEOが言うように、会議室や机の上での議論を重ね続けるよりも、実際に何らかの形に落としてやってみて、ワークするかどうかを見るほうが、はるかに実践的で速い、ということがどんどん増えています。

たとえば、とある銀行が「いまどきの若者が入りたくなるような銀行支店をつくりたい」ということになり、さまざまな顧客調査・分析をして、コンセプトと具体的な戦略が決まったとします。

「銀行は悪だと思っている若者層が入りやすい、銀行らしくないカッコイイ店舗にしたい」

「自分でデザインできるカードを付加価値として提供したい」

でも、本当に効果があるかどうかは、もちろんやってみないと分かりません。

とはいえ「やってみよう」となると、新しい支店の土地を確保したり、支店を本当に改装したりしなければならず、莫大な時間とお金がかかります。

もしオペレーションがうまくいかなかったり、実際の顧客の反応がイマイチだったりすれば、その時間とお金をドブに捨てるようなものです。

「ダンボール」で実際に空間をつくってみることで、低コストでアイデアを形に落とし込める。
資料：シンガポールのトランスフォーメーションデザインファーム Awaken Group ONG&ONG 社のプロトタイプワークショップ

あなたなら、どうやって「形にしてやってみる」を実行しますか？

ひとつの案は、どこかのビルの一フロアを一ヵ月だけ借りて、その中に「模擬支店」をつくることです。

内装はすべて「ダンボール」でつくる。カウンターもソファーもすべてダンボール。そこに展示物の絵を書いたり、モニターの絵を貼ったりして、イメージを膨らませるわけです。

すべてダンボールなので、反応によってすぐにレイアウトを変更できるし、何よりもつくるのにコストがかかりません。

一方で、空間としては「リアルな模擬支店空間」が広がりますから、このスペースで実際に接客オペレーションを設計したり、研修をやったり、ターゲット顧客のモニターを招き入れて、その空間でのサービスを擬似体験してもらい、その体験がどんなものだったかを調査することもできます。

会議室の議論だけで「形にしてやってみる」に落とし込むのは、なかなか時間もかかるし難しいものです。結果、実際に多くの議論は、「実行できる形に落ちる」までに時間がかかることが多い。

だからこそ、早い段階で「いったん仮の形をつくってみる」。形になったものをベースに議論をし、組み替えたり進化させていくほうが、会議室で抽象論を繰り広げているよりもはるかに早いでしょう。

「アポロ13」のジーン・クランツも、「電力を一二アンペアにまで下げる」という経験も前例もない解決策をとるとき、すぐにアポロの乗組員にやらせる、ということはしませんでした。

その決定をした時点では、誰ひとり、どのスイッチをどういう順番で消せば本当に一二アンペアまで落とせるか、分からなかったからです。

彼は待機中だった宇宙飛行士を呼び、シミュレーターで何度もスイッチの消し方をやり直し、実験を繰り返しながら、一二アンペアまで下げる方法を見出しました。会議室での議論に終始するよりも、シミュレーターでやってみるほうが確実で、かつ近道だったのです。

「ところで、自分がひらめいたアイデアの試作品をTechShopガレージでつくっていたら、何をやろうとしているか、他の人に丸見えだよね。たとえばそこに来ていた他人にそのアイデアを盗まれちゃうとか、そういう心配はみんなしないの？」

企業のモノづくりの世界では「試作品」はまさに企業秘密中の企業秘密。それを公共のガレージでつくっているということに驚いた私は、先述のTechShopのCEOに質問してみました。すると、彼は笑いながら言うのです。

「ああ、それはね。誰も心配してないよ。むしろそこで偶然出会った人々がお互いのアイデアをいっしょにして、もっと面白いものができる醍醐味のほうが大きい。あと、試作品はあくまで試作品。たとえ誰かがそれを真似したとしても、その間にオリジナルはもっと先に進化するから、結局、負ける心配はないんだよ」

つまり、「まずやってみること」自体が、「まだやっていない人」との間に「時間差」を生む。変化の激しい激動の時代には、そのわずかな時間差が、「経験やデータの蓄積」の決定的な差になる。その差は、時が経つにつれて加速度的に大きくなり、なかなか縮まることはありません。

やはり、**「とにかく仮の形をつくり、やってみながら進化させること」**なのです。

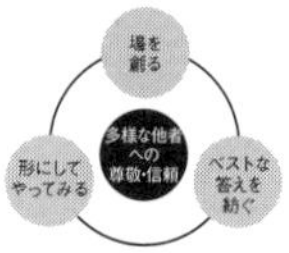

④多様な人々の力を尊敬し、信じる力

・・・・・・

技術者D：ジーン、ＬＥＭの中の二酸化炭素濃度が急上昇してる。定員二名のところに三名いるのが原因だ。このまま濃度が上がり続けると、乗組員が意識不明に陥ってしまう。

ジーン：司令船の空気フィルターとつなげないのか？

技術者B：それが、司令船の空気フィルター穴は四角で、ＬＥＭの空気ダクトの先は丸型なんだよ。

ジーン：……これだから役所仕事は困るんだよ……。

技術者B：とはいえ、想定外のことだから……。

ジーンはゆっくりと技術者のほうに向き直し、静かにこう言います。

ジーン:じゃあ、みなで四角い穴を丸で塞ぐ方法を考えるしかないだろう。一刻でも早く。

技術者Bは会議室にチームを呼び集めます。

技術者B:みんな、聞いてくれ。いまからこの四角い穴をこの丸で塞ぐ方法を考える。……使えるものはこれだ。

ダンボール箱からガサガサっと机の上に広げられたのは、司令船とLEMの中にある「すべてのもの」。宇宙服、ダクト、ホース、飛行計画書……。

チーム:OK、誰かコーヒー持ってきてくれ。

・・・・・・

想定外の前例のない課題に対し、多様な人々が限られた時間で共に知恵を出し合い、解決する。「アポロ13」はその究極の事例だったのだろうと思います。

「共創する力」を考えるとき、実際に現場で問題解決の指揮をとったジーン・クランツという人物が、**それぞれの役割分担を明確にもつ多様なチームに対して、たいへん強い信頼を置いているリーダー**であったことも、忘れてはいけないように思います。

航空力学担当官ジェリー・ボスティック（実在の人物）は、当時を振り返ってこう語っています。

「細かく指図されたり、詳しく説明しろと言われたりしませんでした。ただ『よし、任せた、やってみろ』だったんです。そうして信頼してくれたから力が発揮できたんだと思います」

チームとして共に何かをつくりあげようというとき、やはりその真ん中に立つ人が、

「多様な他者の力を、本当の意味で信じているか」

というのは、とても大きなポイントです。

異なる視点をもつ人々が集まって知恵を出し合い、互いの信頼のもとでそれをつなぐからこそ、「四角い穴を丸で塞ぐ」イノベーションが生まれるのです。

①の「場を創る力」も、②の「ベストな答えを共に紡ぎ出す力」も、③の「アイデアを形にして実行する力」も、すべて「自分ひとりの考え」や「自分のコピーのような均質なチーム」よりも「多様なチームの力のほうが強いことを信じる」という価値観が、根底に流れています。

そして、その人が本当にそれを信じているかどうかは、人はすぐに感じ、気づくものなのです。

ちなみに、実在の人物であるジーン・クランツには、彼の仕事観・価値観を支えた「一〇箇条」があります。

1　Be Proactive（自分で考え、動け）

2　Take Responsibility（責任をもて）

3　Play Flat-out（全力でやり通せ）

4　Ask Questions（質問せよ）

5　Test and Validate All Assumption（すべて試して検証せよ）

6　Write it Down（すべて書き出せ）

7　Don't Hide Mistakes（ミスを隠すな、仲間の教訓にもなる）

8　Know Your System Thoroughly（システム全体を掌握せよ）

9　Think Ahead（常に、先を意識せよ）

10　Respect Your Teammates（仲間を尊重し、信頼せよ）

質問し、書き出し、情報はすべて（ミスも含めて）共有する。
チームの力を信じる。

それがあるからこそ、先を意識し、全体感を保ちながら、責任をもって判断し、全力でやり通すことができるのです。

世の中には「ダイバーシティ推進」の風が吹き始め、女性活用から外国人活用までさまざまな多様性が必要である、という議論がなされるようになってきました。

でも私たちは「多様な人々がいる世界の力」を、どこまで本気で信じられるでしょうか?

21世紀は、まさにその真価が問われる時代ということです。

3 進化する力

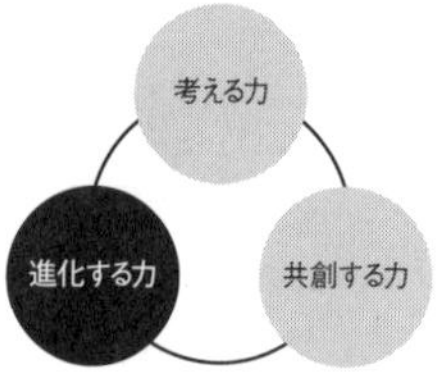

成功への可能性とは。
それは、やっていることについての自分の才能を信じること。
そして、まだ十分でない、ということを理解していること。
一生懸命に働き、確かな目的意識をもっていなくてはならない、
ということを知っていること。
これらをすべて併せたものだと思います。
――マーガレット・サッチャー

「真剣勝負」「自己認知」「自己修正」のループ

「考える力」によって目指すものを定め、「共創する力」によって一歩を踏み出した

あとは、「進化する力」が必要になります。

つまり、**必要な変化を受け入れながら、自己革新し続ける力**です。

ある若手育成のための企業研修をやらせていただいたときのことです。

二〇五〇年の未来を見据え、「自分たちが自事業を通じて実現したい世界」を考え抜き、具体的な経営提言として役員にプレゼンする、というプログラムでした。

参加者は二〇代の現場第一線で活躍している若手営業マンたち。日々相当な責任感をもってノルマ達成に邁進しているものの、数十年後の世界を想定するとか、経営に提言するということ自体はほぼ全員が初めてという状況でした。

情報も時間も経験もない中で、みな、チームに分かれて徹夜で議論をし、なんとか形にして役員にプレゼンするのですが、まだ視野も狭く詰めきれていないので、役員からの最初の質問にさえ、きちんと答えられません。

プレゼンが終わってお手洗いに行くと、参加者のひとりがトイレで思わず悔し涙を流していました。

「自分としては本当に真剣に考えて、一二〇%の力でチャレンジしたつもりだった。

でも振り返ってみると、いつもの自分の癖で、チームの議論が何かおかしいと思っても、どこか遠慮して言えなかった。結果、チームの提案は詰めきれず、質問にはまったく手も足も出なかった。自分の課題を痛感した。本当に悔しい」

そして研修の最後を、彼女はこう締めくくります。

「チームで自主的に集まって一から考え直すので、もう一度提言させてほしい」

「こんな短い時間で、経験のないことに初めてチャレンジしたわけだから、出来が悪くてもしかたない」と考えることもできたでしょう。「学びのある研修をありがとうございました」と言って、粛々と日々の業務に戻っていくこともできました。

でも、彼女はそれをしませんでした。

21世紀は、年齢・性別・経験を問わず、常に新しい世界に踏み出していかなければならない時代です。状況がものすごいスピードで変わっていくわけですから、何事もチャレンジし、やってみなければ始まらない。

正解が分からないからこそ、経験したことのないチャレンジだからこそ、「いまできること」に一二〇%で取り組まなければ、多くの場合、通用しません。

それでも失敗したら、その原因に真摯に向き合い、すぐに自分自身を修正して、再チャレンジするのです。

彼女のように、新しいチャレンジから逃げず、言い訳せず、全力投球でき、自らを振り返って自己調整できる人は、そのプロセスで起きるすべての経験から、スポンジのように学んで進化できるでしょう。

この「進化する力」の差は、変化の速い時代であればあるほど、日々積み重なって、結果として圧倒的な成長カーブの差になっていきます。

実際、この研修参加者の中で、もっとも早く責任あるポジションに就いたのは、ほかでもない彼女でした。

21世紀に求められる「進化する力」とは、まさにこの**「真剣勝負」「自己認知」「自己修正」のループを、常に回し続ける力**です。

そして、**そのループを回す核となるもの――それは、「目指したいもの」に向かう純粋な情熱と、「自分はできるのだ」「自分は自分でよいのだ」という自己効力感・自己肯定感**です。

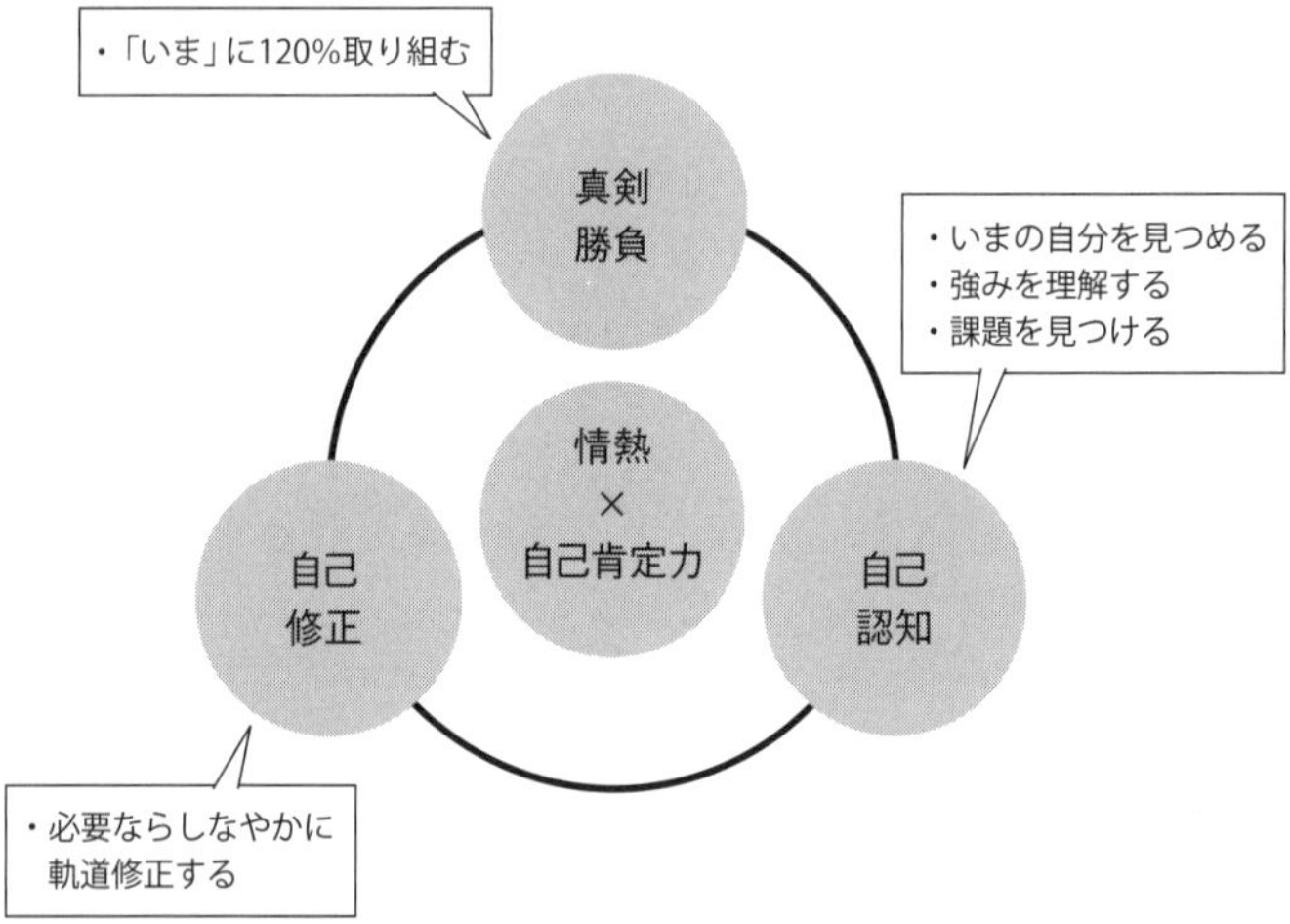
・「いま」に120%取り組む
真剣
勝負
・いまの自分を見つめる
・強みを理解する
・課題を見つける
情熱
×
自己肯定力
自己
修正
自己
認知
・必要ならしなやかに
軌道修正する

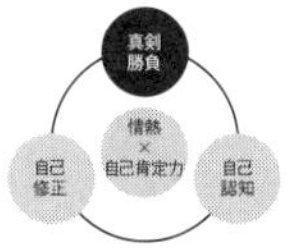

①「真剣勝負」をするとはどういうことか

就職活動真っ只中のシーズンともなると、ターミナル駅の喫茶店に入るたびに、リクルートスーツ姿の若者たちの姿を見かけます。

先日も、喫茶店で私の隣の席に座ったのはリクルートスーツの若者二人。

最初は、「俺、実は彼女できたんだよ……」という学生らしい微笑ましい会話を繰り広げていたのですが、しばらくすると、就職活動でどんな面接があったか、どんな質問にどう答えたかの「自慢大会」が始まりました。

「いや、英語は君はどうなの、っていう話になったんだけどさ。おまえ、そういうときどうやって答えてんの?」

「あ、俺はね。学生のときの友だちがみんな英語がうまいヤツばかりだったんで、なんかそういうところで勝負するよりも、別のところで一番になってやろうと考えてきたんで、特にそこには注力してません。もちろん、これから英語が必要なことは分かってますけど、って言うようにしてる」

「へー、そうなんだ。いいね、それ。かっこいいね。俺もそう言ってみようかな」

私はこの会話を聞きながら、改めて自分の「英語」人生について振り返っていました。


私が中国人の女の子から衝撃を受けた、マッキンゼー入社直後の上海での新人研修。英語でまともに話すことができず、自己紹介さえもロクにできず、自己嫌悪に陥った日々。でもこのつらかった上海の一週間が終わるや否や、「あなたは留学経験もないしMBAも持っていないからミニMBAという研修プログラムを受けてきなさい」と言われ、今度は三週間の長期研修を受けに、オランダへ行くことになります。

ミニMBAというのは、経営学修士号（MBA）を持っていない新人コンサルタント向けにマッキンゼーが提供している教育プログラムで、少なくとも経営コンサルタントとして機能するために最低限学んでおくべき科目――ミクロ経済学、ファイナンス、そして戦略について、三週間朝から夜まで缶詰になって学ぶという、いわば「虎の穴」的集中プログラムです。

ただでさえ上海の一週間で衝撃を受け、完全に自信喪失状態に陥っていた私は、今度はオランダ、しかも三週間という長さを聞いて卒倒しそうになります。

いや、でも今度は留学もしたこともない、MBAをとったこともない私のような人が世界中から集まって来るわけだから、ひょっとしたら共感できるところもあるのかも……。飛行機のなかでそう自分を奮い立たせながら、オランダに向かった私を待っていたのは、まさに「想定外」の衝撃ばかりでした。

参加していた四〇人のうち、日本人は私たった一人。残りの三九人のうち、約半分は欧州から、約半分はアメリカからの参加者。さらに「想定外」だったのは、そこに集まっていた残り三九人の参加者は、確かにMBA(経営学修士)は持っていないけれど、「留学経験もない私のような人々」では決してなかったことです。

ハーバードやイエールという名だたるアメリカの大学のロースクール(法学部大学院)やメディカルスクール(医学部大学院)で博士号を取得している、元医者、元弁護士たち。私のほかに唯一アジアから参加していた香港の女の子も、よくよく聞いてみるとオックスフォード大学の物理学博士号を持っている才媛でした。

——とんでもないところに来てしまった。こんな人たちと、英語でチームディスカッションを三週間しなければならないなんて……。


私のチームメンバーは、ハーバード医学部出身の元医師二人と、アメリカ海軍士官学校を首席で卒業し、潜水艦乗りとして「実践での戦略判断」を積み重ねてきた元士官と、ハーバード法学部出身の元弁護士。みな、アメリカ人で、英語は母国語。頭の回転が速く、論理的で、決断も圧倒的に速い。議論のスピードに全然ついていけない私は、当然のように置いてきぼりになります。

なんとかひとつふたつは自分の意見を言おうと頑張っても、うまく言葉が思い浮かばず、途中で詰まってしまう。私のせいで議論の流れがぴたっと止まり、滞ってしまうので、なんともいたたまれなくなるのです。

——ああ、本当に消えてしまいたい。

上海のときとは比べものにならないレベルの自己嫌悪に陥っていく自分が情けなくて、ますます言葉が出なくなっていく……。

そんなとき、チームメンバーのひとり、少し前まで救命救急（ER）医として活躍していたスタンが、私に声をかけてくれました。

「ヒロコ、どうしたんだい？　元気なさそうだけど」

「……」

「悩んでることあったら、話してみてよ」

「……私、本当に英語がうまく話せなくて……」

それを聞いたスタンは、ちょっと怪訝そうな顔をします。

「そんなことないさ。確かに少しゆっくりだけど、俺たちはヒロコが話していること、ちゃんと分かるよ」

「それにね、君はたまにしか発言しないけど、発言するときは、結構いいこと言ってる。気づかされることも多いよ。君が一生懸命、チームの議論に貢献しようとしているの、みんな分かってる。だからもっと自信もって、たくさん発言して、チームに貢献してくれよ」

スタンのこの言葉は、私にとって生涯忘れ得ぬ気づきを与えてくれました。

こんなに頭のいい英語ペラペラの人たちの前で、自分が太刀打ちできるはずがない。発言をしたとしても議論を遅らせるだけだし、かっこよく賢い発言ができるわけでもない。みっともない英語を使って恥をかき続けるくらいなら、いっそみなの議論にうなずいているだけでもいいじゃないか……。

このときの私は、ともすれば、そんなふうに残りの時間を過ごしてしまっていたかもしれません。英語への苦手意識に加え、チームメンバーの学歴や職歴に勝手に劣等感を感じて、勝手に自分とチームの間に壁をつくって、勝手に自信を失って、勝手に逃げようとしていたのは、ほかでもない私自身でした。

でも結局のところ、どんなに恥をかいても、うまく表現できなくても、自分がいまやるべきことは、チームの一員として自分の頭で考え、そして議論に貢献することなのだ。

そう気づいた瞬間、へんな肩の力や緊張感が抜け、逆に集中力がぐっと上がってきたのです。

真剣勝負をする、ということの本質は、「自分をなるべくよく見せよう、賢くかっ

こよく見せよう」という考えを捨て去って、たとえ不格好でも、泥まみれでも、「いまの自分」が「いまやるべきこと」に一二〇%集中し、圧倒的な量のチャレンジと努力をする、ということなのではないでしょうか。

もしここで真剣勝負をしていなかったら、私は貝になってロクに発言せずに「無難に研修をこなし」、特に大きな失敗から学ぶこともなく、チームメイトと生涯続くような人間関係を築くこともなく、「日本に帰ったら、可能な限り日本語で仕事できるプロジェクトを選ぼう」などと考え、「いまの自分」からほとんど進化しないままだったかもしれません。

もちろん、ほんの数日真剣勝負したところで、英語がうまく出てこない自分に変わりはありません。稚拙な英語を話す私の発言を理解するために、チームはものすごいテンポで進んでいた議論をたびたび中断しなければなりませんでした。でも私は、もう発言することをやめようなどと、一切思わなくなりました。

そして最終日のこと。スタンに呼ばれてランチに行ってみると、チームのみながどこで覚えたのか、稚拙な日本語でこう迎えてくれたのです。

「ヒロコ、アナタノコトハ、ミンナ、イモウトノヨウニオモッテイル。アリガトウ」

自分たちは母国語の英語でずっと議論を続けていたけれど、それに頑張ってついてきた私に敬意を表するつもりで、今度は自分たちが日本語で何か表現しよう、とスタンが発案してくれたのだそうです。

私がこの場で逃げずに、真剣勝負をし続けた結果得ることができたのは、国籍も学歴も言葉も超えて、お互いに尊敬し助け合える仲間でした。

気持ちも新たに日本に帰国し、私が初めて入ったコンサルティングプロジェクトは、皮肉にも、というか偶然にもグローバル企業にグローバルチームで入るプロジェクトでした。資料もディスカッションもすべて英語。クライアントチームもほぼ全員がアメリカ人。私の初めての上司はイギリス人とアメリカ人でした。

突然英語がうまくなるわけはないので、ひたすらがむしゃらにやるしかありません。私のつたない英語の発言は、やはりチームの議論を中断し続けます。

しかも今度は「研修」ではありません。決して安くないお金を会社としていただいて、プロとして請け負っている企業クライアントのプロジェクトです。

三ヵ月後のプロジェクト終了時のフィードバックで、私がイギリス人の上司からもらった評価は、最低レベルの「D」。

「君の場合、能力が低くて仕事ができないのか、単に英語ができないから仕事ができないのか、僕には峻別ができなかった」

「グローバルプロジェクト」での自分の実力を、辛辣かつ明確に突きつけられた瞬間でした。

コンサルティングプロジェクトでは、ひとりのプロフェッショナルとしてチームに、そしてクライアントに明確に貢献できなければ、付加価値はありません。モノを売っているわけではなく、一人ひとりの「考える力」をプロとして売っている以上、「英語が母国語ではないからコミュニケーションできない」という言い訳は通用しません。自分の考えが相手に伝わり、そこから何か新しいものを生まない限り、「貢献した」とはいえない。

それでも、いや、だからこそ、私はこの「言語の壁」にチャレンジし続けなければならない。

じゃあ、語学学校に通えばいいのかというと、多分そんなことではないのです。学生時代から、英語力を伸ばそうとご多分に漏れず語学学校に通ったこともありましたが、そこはオランダの研修やこのグローバルプロジェクトのような「真剣勝負の場」ではありません。

本当にグローバルプロジェクトで通用するプロフェッショナルになりたいなら、こういう真剣勝負の場に自分を置き続けて、泣きながら、ボロボロになりながら、全力投球をし、辛辣な空気のなかでたくさんの失敗を繰り返し、血を流しながらも「ちゃんとプロとして貢献したい」という一心で、食らいついていくしかないのです。

上海の新人研修ではロールプレイも自己紹介もロクにできず、最初のプロジェクトでD評価をもらった私が、アメリカのシカゴオフィスでプロジェクトを統括できるようになり、仕事で英語を使うことに躊躇を感じなくなったのは、決して私に最初から語学の才能があったということではないのです。

スタンのひとことがきっかけで、「どんな状況であっても、言葉の壁を超えて、一個人として誰に対しても貢献できる人間でありたい」という想いを強くもった私が、その一点に対しては、どんなにみっともなくとも逃げずに食い下がり続け、数え切れない失敗と挫折から学び続けてきたからこそ、前よりは少しだけ進化した、いまの自分がある――ただ、それだけだと思うのです。

私たちは、最初から世の中には「天才」と「凡才」がいて、「天才」は努力せずに成功する、「凡才」は努力しても報われない、と思いがちですが、それが必ずしもそうでないことは、さまざまな研究で明らかになっています。

一九九〇年に心理学者のアンダース・エリクソンがベルリン音楽アカデミーで学ぶバイオリニストを対象に行った調査は、一流の音楽学校に入る実力をもつ学生がそのトップになれるかなれないかを分けるのは、**「圧倒的にたくさんの努力をしているか」どうかのみに左右される**ことを突き止めました。

彼らが調査したのは、「初めてバイオリンを手にしたときからこれまで何時間練習してきたか」。

「ふつうの学生」たちが四〇〇〇時間程度の練習時間であるのに対し、「ソリストになれる可能性のあるトップクラスの学生」は、一人あたり一万時間以上の総練習時間を費やしているというのです。

マイケル・ジョーダンも、トーマス・エジソンも、アインシュタインも、イチロー選手もみな、口を揃えて言います。

「自分は天才ではない。ただ人よりも圧倒的に努力してきただけだ」

大切なことは、「いまの自分がそれほど努力せずに一番になれる場所」を探し続けることではない。

本当に大事なのは、自分が誰よりも多く学んで、誰よりも進化し続けること。
いまはできなくても、「これをマスターしたい」と思えば、失敗を恐れずに目の前の機会に果敢にチャレンジし続けること。
誰にも負けないエネルギーをもって真剣に努力し続け、もっともっと自分を伸ばそうとする「意志」と「覚悟」をもち、それを実践することなのです。

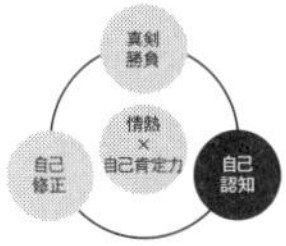

②「自己認知」とはどういうことか

変革屋として多くの企業の人材育成に携わらせていただく中で、ひとつ痛感しているのは、**「結局のところ、自分という人間の育成は、自分にしかできない」**ということです。

実際、私が携わらせていただいている研修ひとつを例にとっても、まったく同じ仕立てのプログラムに参加し、まったく同じ経験をしているのに、物事の受け取り方、吸収のしかた、そして結果として個人個人に起きる変化は、人によって本当に大きく異なります。

「進化し続ける人と、あまり進化しない人の最大の違いは何だと思いますか?」

と質問されることは少なくないのですが、あえてひとつ挙げるとすると、

「自分のことを省みる力＝自己認知力」の違い。


これは、人が進化する角度に決定的に大きく影響しているように思います。

自己認知力の高い人は、自己修正力も高く、いまやるべきことに真剣勝負をし続けるエネルギーをもち合わせることが多いからです。

自己認知力をもう少し掘り下げて分解してみると、次の二つの要素によって構成されていることが分かります。

・いまの自分を客観視する力
（いまの自分を鏡に映すとどう映るか、それはなぜかを理解する力）
・自分の志向性や価値観に迫る力
（自分は本質的に何が好きで、何を大事にする人なのかを理解する力）

前者は、過大評価も過小評価もない、等身大のいまの自分に向き合いながら、まだ足りない自分を受け入れ、「これからの伸び代」に転換できる力。

後者は、結局のところ自分という人間は、何を拠りどころに、何を譲らずに生きていく人なのか、自分自身の「ブレない軸」を見出す力、といえます。

核となる信念をもちつつも、さまざまな刺激を吸収し、猛スピードで進化し続ける柔軟さをもち続けている「しなやかな人々」は、この二つを常にバランスよくもち合わせています。

彼らは卓越したリーダーでもあります。ブレない軸があるからこそ、自分の判断や意見を明確にもっている。でもそれと同時に、まさに「アポロ13」のジーン・クランツのように、他者から学び自己修正する柔軟性を兼ね備えている。彼らは「他者」をリードする前に、自分が自分自身をリードする重要性を、本質的に理解しているのです。

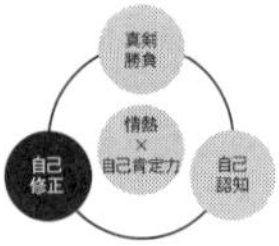

③「自己修正」をし続ける力の本質にあるもの

「会社の戦略やビジョンを語るなら、自分の人生のビジョンが明確でなくてはならないと思ったんです」

次世代幹部候補生として研修プログラムでお目にかかったある女性は、役員に登用され、経営戦略を描く責任を担うことになったとき、ひとりでホテルに籠ってご自身の三〇年ビジョンを描いておられました。

そこに書かれていたのは、自分はどんな人生を歩みたいのか、という問いに対する彼女自身の答えでした。

自分の人生のこだわりは何か。

家族との関係はどう紡いでいきたいか。

自分はどんな世の中を創りたいか。

そのために、自分は自分の経営する会社のもつ力をどう生かしていきたいのか。

彼女は企業の経営戦略を一手に担う激務をこなしながらも、等身大のいまの自分を客観的に振り返る努力を決して欠かしません。

週末には東北に出かけ、震災復興に賭ける現地の若きリーダーたちから刺激を受け、「自分はまだまだだと思った」と気持ちを新たにする。たとえ厳しいものであっても、自分に客観的なフィードバックをくれる人々を何よりも大切にし、むしろ自ら積極的にそれを求めにいく。

彼女は常に自己修正し、トライアンドエラーを繰り返しながらも、着実にたくさんの人々を巻き込み、三十年ビジョンの実現に向かって邁進しています。

しかし、彼女のような人は少数派です。もったいないと思うのは、自分自身と真摯に向き合うことから、どこかで逃げている人が、決して少なくないように見えることです。

「友だちが英語ができるやつばかりだったんで、自分はほかで一番になろうと思いました、て言ったほうが、就活ではかっこいいじゃん？」と言っていたリクルートスーツの若者は、はたしてどこまで等身大の自分と客観的に向き合えているのでしょう？

彼は、本質的に「自分が一番になれること」以外からは逃げてしまう人なのでしょうか？　それとも、「自分をかっこよく見せたい」がために、思ってもいないことを言って虚勢を張ってしまうタイプなのでしょうか？　それとも、自分が情熱を注ぎたいものなら一二〇％の力を発揮し、どんな努力もできる人だけれども、英語はたまたま、その対象ではなかった、ということなのでしょうか？

少しここで質問してみたいと思います。

次の知能に関する考え方の中で、あなたの考えにいちばん近いのはどれでしょうか？

□知能は人間の土台をなすもので、それを変えることはほとんど不可能だ
□新しいことを学ぶことはできても、知能そのものを変えることはできない
□知能は現在のレベルにかかわらず、かなり伸ばすことができる

□知能は伸ばそうと思えば相当伸ばすことができる

では、人間性・人間的資質に関する考えの中で、あなたの考えにいちばん近いのはどれでしょうか？

□どのような人間かはすでに決まっており、それを根本的に変える方法はあまりない
□現在どのような人間であっても、変えようと思えばかなり変えることができる
□物事のやり方は変えることはできても、人となりの根幹部分を本当に変えることはできない
□どのような人間かという基本的特性は、変えようと思えばかなり変えることができる

スタンフォード大学の心理学教授キャロル・S・ドゥエック氏は、彼の二〇年にわたる調査研究の結果、「自分についてのマインドセット」のもち方が、人の進化の幅を決め、活躍のレベルを左右することを実証しています。

自分の能力は石版に刻まれたように固定的で変わらないと信じる＝Fixed Mindsetの人は、自分の能力を繰り返し証明せずにはいられません。賢そうに見えるだろうか？　しくじらずにうまくできるだろうか？　負け犬になりはしないか？

一方、もって生まれた才能、適性、興味、気質は一人ひとり異なるけれど、努力と経験を重ねることで、誰でもみな大きく伸びていけるという信念＝Flexible Mindsetをもつ人は、思い通りにいかなくても、むしろ、うまくいかないときにこそ、粘り強く頑張ることができる。彼らにとっては、「賢さ」を証明できたら成功なのではなく、チャレンジし、新しいことを学べたら成功です。

博士の研究によれば、この**「人の能力は努力により相当伸ばすことができる」と信じているかどうかが、自己認知の精度にも大きく影響している**ことが分かっているそうです。

自分のことを正確に評価し理解することは、誰にとっても難しい。でも、能力や資質は伸ばすことができると信じていれば、現時点の自分に対する情報をたとえ不本意であってもありのままに受け入れることができる。

一方、もう伸ばしようのない能力が値踏みされていると思うと、どうしても受け止め方が歪んでしまう。都合のよい結果ばかりに目を向けたり、場合によっては「本当ではない」自分をつくってしまったり。いつの間にか本当の自分を見失ってしまう。

現在の能力を示すことばかりにこだわって時間を無駄にしてしまう。

欠点を克服しようとせずに隠そうとしてしまう。

ぶつかり合う中で成長させてくれる人を求めずに、自尊心を満たしてくれる相手を求めてしまう。

新しいことに挑戦せずに、うまくできると分かっていることばかり繰り返してしまう。

――もし万が一、そんな自分に気づくことがあれば、自分の「これから伸びる力」を限定的に考えてしまっている自分がいるのかもと疑って、自分のポテンシャルに対するマインドセットを、再確認するプロセスを踏んでみていただきたいと思います。

④進化する力の核にあるもの
——目指すものに対する純粋な情熱

変革屋をやっていると、たくさんの方々の「進化し始める瞬間」に立ち会う幸運に何度も恵まれます。

「他の人の追随を許さないくらいの角度で進化し始めた方々」に共通しているのは、それが短期であれ中長期であれ、「自分はこれをやり遂げてみたい」という明確な「意思」をもち始めたということです。

「別にやれと言われればやるけど、やれなくても別にどうってことない」
「仕事は単にゲームだと思っている」
「別にやりたいことなんてありません」
「何がやりたいのか、分からない」

と言っていた彼らが、「自分は本当は何をしたいのか？」に向き合って七転八倒する。

・自分は何に情熱をもっているか?
・どうしても譲れないものは何か?
・成し遂げたいことは何か?
・いまの自分は、「ありたい自分」「本当にやりたいこと」にどこまで迫れているか?

そして、「これだ!」と決められた瞬間に、みな、なんだかスッキリして、猛ダッシュで進化し始めるのです。

・びっくりするようなキャリアチェンジをしたり。
・自ら直談判して新しいチャンスをつかみに行ったり。
・別人と思うくらい落ち着かれて迫力のある経営者になったり。

先述の登山家であり事業家でもある山田君は、自分のこれまでを振り返ってこう言っていました。

「世界七大陸最高峰を最年少で制覇したあと、登山ガイドを始めました。やはり山が好きだったし、自分が得意なことだったからです。そこそこファンのお客さんもついて、食べるに困らないくらいの収入は入ってくる。まだ大学は卒業していなかったのですが、このまま食べていけるような気もして、大学を卒業する気もなくなっていました。

でも、ふと自分を振り返って、「あれ、俺何やってるんだろ」と思ったんです。気がつけば、自分のお客さんはリピーターばかりで、「山田ファン」は数百人いるかもしれないけど、自分が増やしたい登山人口が増えているわけじゃない。

このままじゃダメだ。自分のやりたいことは登山ガイドで食べていくことじゃない。もっとたくさんの人を動かす仕組みを考えなくちゃならない。

でも当時の自分はそれをどうやったらいいか想像もつかなかった。そう思った瞬間、大学を卒業して就職活動することに決めました。「仕組みをつくる」こととはどういうことかを、経験したかった。

大学に六年も通ってる人間を採用してくれる企業なんて、当時は本当になかったんで、苦労しましたけど（笑）」

情熱を注げる「自分がやりたいこと」を人生の真ん中に置くことができている人は、他人の目にはびっくりするような選択をしているように見えても、実はブレていないし、地に足がついている。結果、常に「いま」のチャレンジに一二〇%で取り組むことができています。

彼らは、環境がどれだけ劇的に変化しても、無駄に焦ったり、変化に流されて漂流することはない。むしろ、ブレない軸があるからこそ、世の中に溢れる大量の情報や刻々と変わっていく機会をうまく取り込んで自分のものにしていくことができます。

結局、人は、**自分がやりたい、と情熱をもって思うことができれば、どんな真剣勝負もできるし、自分を客観視することもできるし、柔軟に自己修正できる、**ということです。

つまり、**「進化する力」を発揮したいなら、まずは自分が自分を信じて、自分が情熱のもてる「やりたいこと」に向かって、自分のエネルギー集中させるだけでいい。**

この節の冒頭に登場する、研修中トイレで泣いていた彼女は、本当に自分の会社とクライアントが好きで、会社とクライアントの未来を考えて経営提案する機会をもらえたことがとても嬉しかったのだそうです。

「私はこの業界と会社のよりよい未来を創りたい。それを考えたつもりで発表した研修での提案は、本当にまだダメダメで悔しかった。でも、これから何度でもチャレンジし続けます」

自分で考えて定義した「目指す目標」が、自分にとって本当にやりたいこと、情熱を注げることであるということ。そしてそれを実現できる「これから伸びる自分」を信じるということ。

私は、これこそが進化する力の源であり、いちばん重要かつ本質的な21世紀スキルだと考えます。

進化する力の機能不全――自分をダメな人間と思っている高校生たち

これから伸びる自分を完全に信じられない中で、情熱を注げるかどうかがまったく分からないことに対して、「一二〇%の力でやれ」「自分の課題を見つめて自省しろ」「そこから這い上がって自己修正し続けろ」というのは、必ずどこかに無理が生じます。

二〇一一年三月に行われた日本青少年研究所の調査によれば、**日本の中高生の実に八三・七%は、「自分をダメな人間だと思っている」**と答えているそうです。「私は努力すればだいたいのことはできる」と答えているのは四四・四%(米国八九・二%、中国八八・八%、韓国八三・七%)、「私にはできることはいっぱいある」と答えているのは三六・八%(米国九〇%、中国八一・三%、韓国六九・九%)、「どんなに失敗しても落ち込まない」と答えたのは、わずか二二・三%(米国五一・六%、中国六三・二%、韓国四四・四%)です。

小学生のときにはワクワクするような夢をもっていたはずの子どもたちが、高校生になると「自分をダメな人間だと思っている」のです。

「自分はダメな人間だと思うことがあるか」との質問への回答

（日本青少年研究所など調べ）

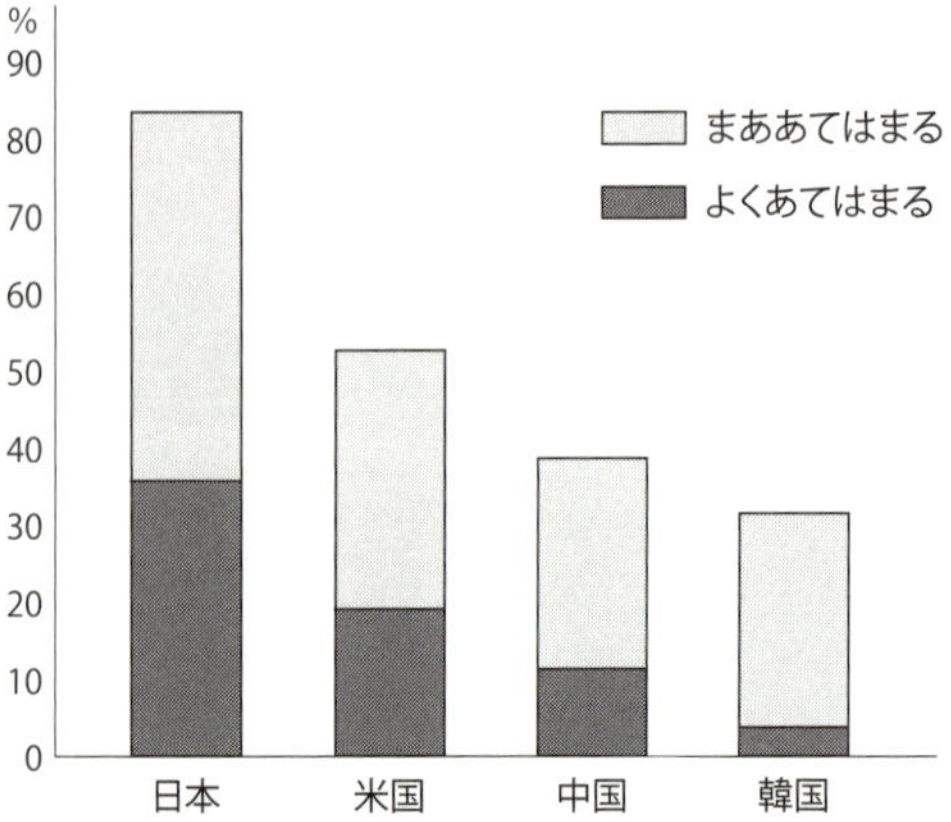

あなたは自分自身をどう思うか（「全くそうだ」＋「まあそうだ」）

	日本	米国	中国	韓国
私は人柄がよいと思う	43.7	90.6	81.5	70.2
私は大体の場合、人とうまく協力できる	64.3	91.4	92.7	81.4
私は努力すれば大体のことができる	44.4	89.2	88.8	83.7
私ができることはいっぱいある	36.8	90.0	81.3	69.9
私は辛いことがあっても乗り越えられる	60.1	89.4	83.2	68.0
感情に走らず、仕事や勉強に集中できる	31.8	82.3	50.4	26.2
悲しいときや辛いときも落ち込まない	27.0	58.4	65.1	45.0
怒ったときや気分が悪いときでも自分をコントロールできる	48.0	76.8	66.2	58.9
どんなに失敗しても落ち込まない	22.3	51.6	63.2	44.4
自分の希望はいつか叶うと思う	56.1	77.3	80.2	68.9
目標達成に失敗してもすぐ立ち直ることができる	45.7	65.3	74.5	71.8

（出典）「高校生の心と体の健康に関する調査（2011年３月）」
財団法人 一ツ橋文芸教育振興協会、財団法人 日本青少年研究所

こういった問題に対し、実際に「教育現場」にリーダーシップの高い教師を派遣し、教育格差の問題も乗り越えながら子どもたちの潜在能力を開花させる取り組みを続けているのが、特定非営利活動法人Teach For Japan(ティーチフォージャパン)です。代表の松田氏はこう語られています。

僕らがこれからの人材育成を考えるときには、知識、スキルセット、マインドセットの掛け算で考えます。そして、この三つの中では特にマインドセットが大切だと思っています。スキルセットや知識については、時代時代に応じて「必要なもの」が変わってくるが、時代が変わっても必要なマインドセットというのは、そこまで変わらないと思っているのです。

そのマインドセットというのは、自分はやればできる人間なんだ、という自己効力感であり、自分が何に対して強みをもっているかを実感できる自己肯定感です。

これから正解のない時代になればなるほど、こういったマインドセットの必要性は強くなってきます。これからの時代は、「これが正解です」というのがなく、何かにチャレンジしてその失敗や成功の体験から学び続けることが必要とされるわけです。

ただ、チャレンジするというのはそこまで容易なことではありません。自信や情熱が必要になってくるのです。この分野だったら自分は頑張れるな、とか。自分の強さや個性が発揮できるな、とか。だからこそ自分の強みに対する自己認知のプロセスがすごく重要になるのです。

日本の教育現場では自分の強みは何かを認識するきっかけが少ないように感じます。たとえば英語が70点、数学が35点だったとすると、「この35点はまずいよね。これ50点にもっていこうよ」というのが現状の教育なのです。でもこれからの教育っていうのは、「75点いいじゃないか、100点にもっていこうよ」というように、どうしたら100点にできるかを考える。全員に平均点以上を取ってもらうことを目標にするのではなく、強みを徹底的に伸ばすのです。

強みが伸びていくと、不思議なことにほかが補われていきます。つまり、得意な英語を徹底的にやっていくと、学ぶことの喜びだったり自己肯定感だったりが表出してくる。すると、実はほかの教科の重要性にも気づくことができますし、効率的・効果的に学ぶ学習力が生まれてくる。そうなってくると、新しいものに出会ったときも、「やってやろう」という気概になってくるんですね。

いままでの教育というのは、とりあえず「できないところを克服しよう」とばかりするので、やり方も分からないし楽しくないからやらない、っていう負のスパイラルに陥っている状況なのだと思うのです。

経済的に厳しい状況にいる子どもたちと接することも多いのですが、何か目標とか夢とかないのって言うと、返ってくる答えは「別に」が多いです。好きな科目とかないの？「別に」。中2、中3でもそうです。共通しているのは、自己肯定感、自己効力感が欠けているということです。この子どもたちにこの時点で夢をもてとか目標をもてとかいっても、それはこっちのエゴでしかないし、子どもたちからするとナンセンスなのです。このような状態では信頼関係は築けません。信頼関係が築かれなければ子どもらは大人の言うことには耳を貸しません。

こういった状況で何を始めるかというと、まず大人が傾聴するってことなのですよ。未来ばかりを描くのではなく、過去の出来事であったり、当時の趣味、いま何に怒り、喜びを感じるかなどを引き出していく。そうすると彼らは、自分の人生のメタ認知をしていくようになるのです。

ああ、あのときはこういうことを感じていたのか、そういう感情があるってことは

ます。……って。対話をしていくうちに本人のアイデンティティが少しずつ形成されていき

自分は何に対して喜びを感じる人間なのか、何に対して悲しみを感じるのか、何に対して怒りを感じるのか。それに応じて、初めて自分というものを理解してくる。

自分を理解するということが自己効力感を高めるための一歩目となります。そこを通して、子どもたちの表情が変わってきたりだとか、自分のことをどんどん話すようになってくる。

次に、信頼関係が築けた子どもたちの発言に耳を傾け、出てきた発言を少しずつ深掘りしていきます。たとえば、「毎日お花に水をあげているよ」って言った子がいたとすると、「じゃあ、お花って身近なところに何があるのかな、あそこに木があるね、カウンターの前にお花があるね、商店街を歩いて行くとあそこは家庭菜園だね、これお花屋さんだね、園芸師さんの作業場だね」って、どんどん社会に広げていくのですね。

そうしていくと、仕事観をもつようになり、そういう仕事に就くためにはどういった学部、高校があるのかを考えるようになり、モチベーションを喚起していくので

す。教えるというよりも育む。自分自身で気づいてもらう。

結局、「自分はできるのだ」という自己肯定感・自己効力感をもたせようと思ったら、少しでも好きなもの、興味のあるもの、自分が強みのあるところから始める。「学ぶ力」の基礎となるマインドセットができて初めて、スキルや知識を効果的に積み上げていけるのです。

「自分のことをダメな人間だと思ってしまっている高校生」が多いということは、周りの我々大人たちが、彼らの「自己肯定力・自己効力感」を育むことができていない、一人ひとりの「進化する力」をうまく機能させてあげられていない、ということです。

これからの未来の担う若者たちの「進化する力」が、機能不全に陥っているということは、ただでさえ若者が減っていってしまう日本の将来にとって、本当に憂慮すべき事態です。

だからこそいま、子どもたちが本当にやりたいこと、情熱をもてることを引き出して、そこにエネルギーを集中させてあげる度量をもち、彼らが自分自身を信じることができるように、応援し背中を押してあげなければいけない。

そのためにも、**私たち大人が、自らの個性や強みと向き合い、「自分の進化する力」を存分に発揮して「範」を見せていかなければならない**のです。

私はこれこそが、私たち大人が21世紀に果たしていかなければならない、もっとも重要かつ重い責任だと考えます。

4　21世紀スキルの「真ん中」にあるもの

「自分が目指したいもの」は何か？

あなたの夢は何か、
あなたが目的とするものは何か、
それさえしっかりもっているならば、必ずや道は開かれるだろう。
――マハトマ・ガンジー

これまで「考える力」「共創する力」「進化する力」について考えてきました。

1　考える力
想定外の問題や経験値のない課題に向き合い、自分の頭で「何が本質的にやらなければならないことか」を考えることができるか？

2 共創する力
「多様な」人々との議論を通じて、その議論の中から学び、ベストな答えを導き出し、実践し始めることができるか?

3 進化する力
自分自身と常に真摯に向き合い、自ら気づき、学びながら「進化」することができるか?

しかし、お気づきと思いますが、どの力を発揮するにも「共通して軸足に置かなければならない」本質的な問いがあります。それは、

「結局のところ、自分が目指したい世界、目指したいものは何か?」

という問いです。

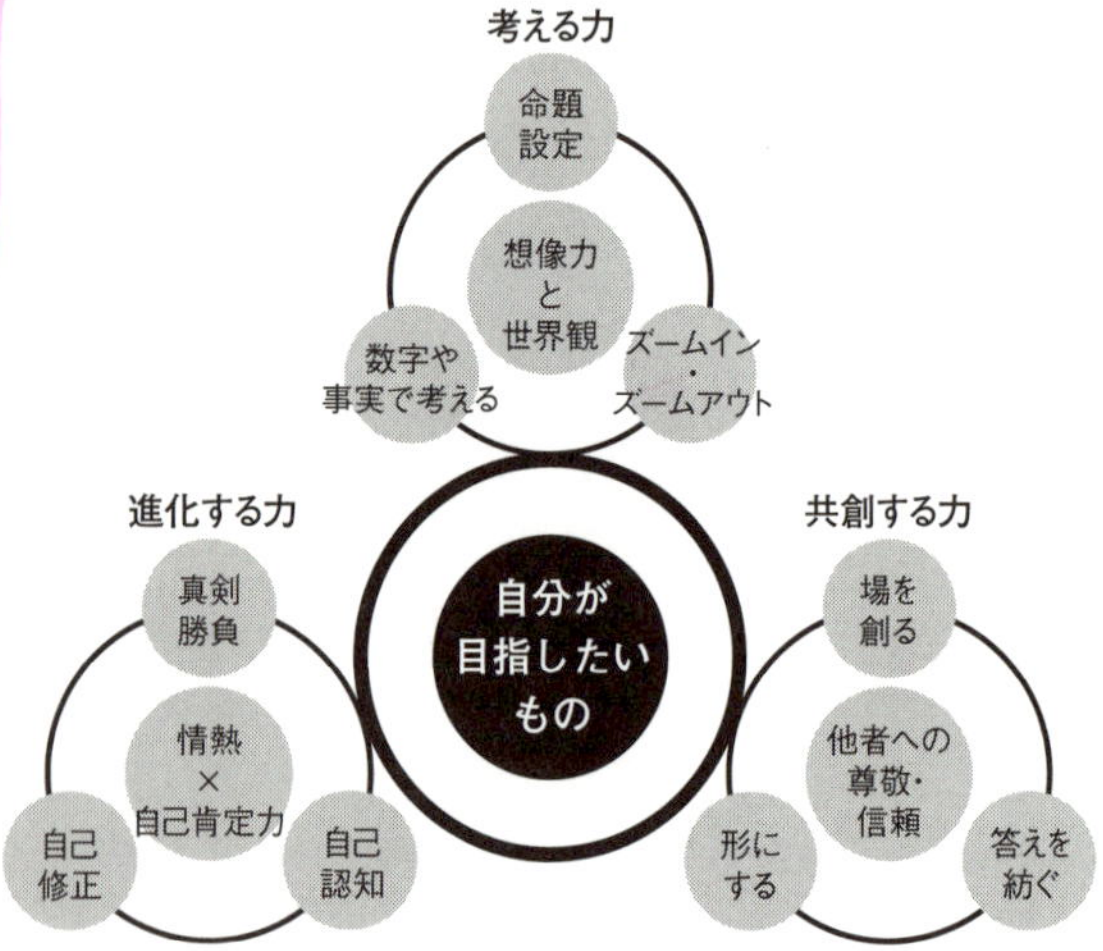
考える力
命題
設定
想像力
と
世界観
数字や
事実で考える
ズームイン
・
ズームアウト
進化する力
真剣
勝負
情熱
×
自己肯定力
自己
修正
自己
認知
自分が
目指したい
もの
共創する力
場を
創る
他者への
尊敬・
信頼
形に
する
答えを
紡ぐ

「考える力」では、「目指す目標を明確に、具体的に定義する力」が重要な起点になりますが、それは「何のために」「どういう世界を目指すから」そうなのか、を考えなければ決めることができません。

登山家の山田君が登山人口を七〇〇〇万人にする、と決めた背景には、この先の日本経済の復活を、日本の豊富な資源である「山」を通じて実現していきたい、という目指す世界があります。

「共創する力」を発揮するには、その場の人々に目指すものを明確に伝えることもさることながら、「なぜそれが必要か」に共感してもらうことがとても重要です。それが「場を創る」うえでの共通価値観のベースになるからです。

「進化する力」をどこまで発揮できるかは、目指すものに対して自分が純粋な情熱を注げるかに大きく左右されます。

ところが、「あなたの目指したい世界は何か?　目指したいものは何か?」という問いに本当に答えるのは、決して簡単ではありません。

「自分がやりたいことをとことん考える」ことにフォーカスし、そこに向き合い続けるような育成プログラムを行うと、

「考えるのが辛いのでやめさせてほしい」

「日々の業務で忙しいので考えられない」

と言って、脱落していく方も少なくありません。

「やりたいことなんてないです」

「そんなものがなくても、仕事をちゃんとやればいいんじゃないですか」

と言う方もいます。

でも、はたして本当にそうなのでしょうか？

予測データをもとに二〇五〇年の未来がどんな世界かをみなで議論すると、少し寂しい、若干無機質な日本の未来像が浮かび上がってきます。

「高齢者はみな働いているけれど、なんだか少し寂しい感じ」

「IT化されて学校も毎日じゃなくなって、地方は人口も少なくなって、人と会う

ことが珍しくなっている
「ものすごい格差が広がっている。海外に出稼ぎしている人も多い」

でも、二〇五〇年という未来は確実にやってきます。
読者のみなさんの大半はかなりの確率でその世界に「生きている」。
正直に答えてください。
いま想像した世界に行ってみたいですか?
それとも、もう少し違う世界にしたいですか?

そう聞けば、これまでの経験では、九割以上の人が「もっとよい世界にしたい」に手を挙げます。

では、もっとよい世界にするために、
あなたがいまからできること、したいことは何でしょう?
どんな世の中にしたいですか?
そのために、あなたは何を成し遂げたいですか?

私は、20世紀が「団塊の時代」であり「家族の時代」だったとするなら、21世紀は「個」の時代になると感じています。

自分の教育は自分の責任になり、「おひとりさま」が増え、企業も「生涯雇用」ではない。

自分の専門性を何に置き、どんなライフスタイルで、どう働きたいかを、個がある程度の自由度で設計できる世界。

「個」が、一人ひとりの個性を自由に輝かせる時代です。

そして、その「個」が、ゆるやかにアドホックに集まって、共創していく。

つまり、

それぞれの「個」の「アイデンティティ（自分は何者か、何をしたい人か、何ができる人か）」が明確にあって、

それが「一企業」や「一家族」という「小さな幸せ村」のためだけではなく、「社会全体」のために存在する。

個が社会のために存在するというのは、必ずしも「NPOやNGOを運営する社会起業家になる」ということではなくて、**どんな生き方・働き方であっても、「自分はこの社会でどんな役割を果たすのか」を意識するようになる**、ということです。

リーマンショック以降、ハーバード・ビジネススクールの学生の価値観や職業観が変化してきているといいます。旧来のようなCEOやコンサルティング、投資銀行でのキャリアに加えて、特定の地域や課題に専心し、社会に貢献することにやりがいを見出す人が増えつつあります。

三・一一以降の日本でも、若者たちを中心に、職業観・人生観を「どういう人間でありたいか」というところから考え直す波が広がっています。

21世紀スキルは、そういう時代に向かっていく私たちが、改めて「自分自身」の人生観や職業観を見つめ直し、**自分のアイデンティティとパブリックマインドの「交差する場所」を見つけて、そこに向かって進化していくために使うスキル**であると、私は考えます。

これまであまり発することのなかった「何のために?」という問いを繰り返すこと。世の中や世界を「身近」に感じ、「自分がその変化を生む最初の一滴になるかもしれない」という自己肯定感をもつこと。

「個」の時代には、個性やアイデンティティが明確であればこそ、自分の役割が明確で、だからこそ、さまざまなところから声がかかり、共創の輪に入っていくことができます。でも、これがぼやけている「個」は、変化の波を漂うしかありません。

自分を「個」として輝かせるための、自由の翼をもつ。
自分と「変わりゆく社会」とをつなぐ、太い太い命綱をもつ。
「自分が何を目指している人なのか」
「どんな世界に向かって努力している人なのか」を明確にすること。

つまるところ、それが21世紀スキルの「核」であり、それを実現していく「プロセス」を回す力が、21世紀スキルなのではないでしょうか。

第三章

21世紀を生き抜く力を身につけるということ

過去から学び、今日のために生き、
未来に対して希望をもつ。
大切なことは、問い続けることをやめないことだ。
――アルベルト・アインシュタイン

1 「21世紀スキル」教育
すでに教育の世界で起き始めていること

二〇〇九年、世界の教育関係者が立ち上げた国際団体、ATC21S（Assessment and Teaching of 21st Century Skills（21世紀スキル効果測定プロジェクト）は、これからの不確実な時代を生き抜くために必要な能力として「21世紀スキル」を定義しました。

根底に流れるテーマは、やはり「考える力」「共創する力」「進化する力」、そしてそれを支えるための「自分の目指すもの・目指す世界を定義する力」です。

2 批判的思考、問題解決、意思決定
3 どう学んでいくかを学ぶ力と自己に対するメタ認知力
4 コミュニケーション
5 コラボレーション（チームワーク）
6 情報リテラシー
7 ICTリテラシー
8 地域とグローバル社会に対するシティズンシップ
9 人生とキャリア育成
10 個人の責任と社会的責任（異文化理解と異文化適応能力）

ATC21Sでは、具体的にどのような言動が認められると、その能力があると評価できるかを、詳細に定義する試みも始まっていて OECD諸国の学習到達度を比較するPISAの学習到達調査（現在は、読解力、数学リテラシー、ITリテラシー等を調査）も、二〇一五年から21世紀スキルの測定を導入する方向で、検討が進んでいます。

たとえば、

「創造性とイノベーション」では、

▼自らクリエイティブに考え、**すべての新しいアイデアにオープン**である

▼**新しい多様な価値観や視点に反応**しながら、グループでそれを練り上げていくことができる

▼**失敗を学びのチャンスと考えられる**――イノベーションは、「小さな成功」と「頻繁に起こる失敗」の積み重ねであることを理解している

▼新しいアイデアを**「具体的インパクトのある形」に落とす**まで粘り強く考え、周りを説得できる

「批判的思考、問題解決、意思決定」に関しては、

▼論理的な判断、意思決定ができる

◎それぞれの要素がどういう関係にあるかを全体感をもって理解できる

◎他の視点や代替手段も俯瞰的に考え、評価したうえで判断できる

▼**今までやったことのない解決方法や、通常やらない解決方法**についても、オー

プンに考えられる

▼物事の本質を明確にし、よりよい解決方法を導けるような、**よい質問をすること**ができる

▼**多様な議論や情報を統合**し、判断材料として効果的に使うことができる

「学び方の学習、メタ認知」では、

▼「進化したい、もっと成長したい」という**自ら湧き出るモチベーション**がある

▼「自分はできるのだ」という**自分に対する自己肯定力、自信**がある

▼学ぶことや自分の将来全般に関して、**何を学ぶかの選択や時間の使い方について自分自身でマネージ**できる

▼**なぜこれを「学ぶ」のかを自ら考え、反芻**できる

▼**多様な教育機会**があることを知っており、**その選択が自分の将来にとってどういう影響があり得るか**を理解している

という具合です。

つまり、

これからの時代は、世界中の一五歳の子どもたちに21世紀スキルが求められる時代になる。

教育制度をどう変革していくかの議論はすでに始まっています。

「21世紀スキルを重視する教育を目指す」ということは、教科書に書いてある**「正解」を教え、それをみなが覚えるという教育から脱却する**ことを意味します。目指しているのは、子どもたちが自分たちで情報を集め、共有し、議論しながら、**いまの時点の自分たちの答えを見出し、またそこから自分たちの答えを深化させていく**という「学びのプロセス」に注目した教育です。

たとえば、雲は「断熱膨張」という現象が関係してできる、ということを覚えるのではなくて、「どうやって雲ができるのか」ということを生徒同士で議論しながら、「雲」と断熱膨張という現象がどう関係しているのかを学んでいくようなアプローチです。

先生方にも、教室の場の「議論」を設計して「学びのプロセス」をつくり、そして、そこからまた授業の設計を進化させていく力——すなわち、**「考える力」「共創する力」「進化する力」が問われる世界**になるのです。

2 21世紀スキルの始め方

21世紀スキル＝人が潜在的にもっている「学ぶ力」

ＡＴＣ21Ｓ事務局であり、この新しい21世紀型教育を推進されておられる**大学総合教育研究センター**／東京大学教育大学院教授の三宅なほみ先生は、21世紀スキルについて、こう話してくださいました。

学習科学屋さんたちが考えますすと、「誰がどういう責任で何を求めて教育をしてきたか」っていうのが、19世紀と20世紀と21世紀で違ってきているんです。社会が違ってきているから。

簡単に言うと、19世紀は親が子どもの行く先を決めて、必要なベストな教育を受けさせる。だから仕立て屋さんだったら、あそこの親方よいよってところに徒弟に出すんですよね。産婆さんに娘さんがいればね、この子がよさそうだっていう子を残して、二〇年かけて産婆にするんです。だから落ちこぼれがない。

つまり、教育の責任とかどこまで教育するかっていうのは、親が子どものために決める。逆に言うと、個人に選択権があった。社会をゆっくり進めていこうという19世紀は、こういう徒弟制型の教育が機能していたんです。

でも20世紀は、仕立て屋さんの息子も兵隊さんやってもらわなきゃいけないかもしれないし、国家の成長のためにＩＴ産業についてもらわなきゃいけないかもしれないという時代になった。だから、国が親に代わって教育を引き受けますっていうのが20世紀なんですね。教育の「質保障と機会均等」の時代です。

仕立て屋の子でも、黒人でも大統領になれる、という意味ではよさげに見えるけれど、裏側にあるのは、「隣の国と戦う」こととか「ＧＮＰを上げる」ことなんです。

ただ、21世紀になると、時代的にもいろいろな想定外の問題が噴出してきて、それを解かなきゃいけなくなってきた。要するに「人の選び方」とか「人の選ばれ方」が

「科挙」でなくなってきたわけですよ。直面している問題が科挙の試験に出てこない応用問題ばかりだから。

そうこうしているうちに、インターネットが入ってきた。これで教育をする側と教育される側との選択肢がものすごく一挙に増えたんですね。カーンアカデミーみたいなものも出てきて、高等学校の先生が自分が教えるよりカーンアカデミーで学んだほうが基礎の部分はよく分かる、となるわけです。

じゃあ、むしろ基礎の部分は家でカーンアカデミーで勉強して、応用問題（宿題）を解くところだけ学校でやったら、という「反転学習」なんていうのが生まれてくる。

そういうふうになってくると、もう国が教育を責任もってやります、という形じゃなくて、「いろんな学びのチャンスをいろんな人たちがつくる」時代になった。そして、学ぶ側も「本人が必要なときに必要なことを学ぶ」というシステムになってきたわけです。

個人が自分の教育の責任をもつ時代。しかも19世紀はそれが「親」でしたが、21世紀は「自分自身」が責任を持つ時代です。

「国」のために学ぶということでもなくなったので、人生の途中で一〇年ごとに三回やることを変えたり、そのために学び直したりしてよくなったんです。

それができる子をどうやって育てるのか、というのが21世紀スキルの本質だと、私は思います。

一見機会が非常に均等になったように見えるけれど、受ける側が「学びとは何か」がちゃんと分かっていないと、格差は広がる一方になってしまう。結局、自分が何を選び取るかですから。

サルマン・カーン（カーンアカデミー創始者）がすごいのは、誰が何を見にきたか、どのビデオを何回見にきたか、どの問題で何点とったかって履歴を全部とって、教育ビッグデータの分析を始めていることなんですよね。

彼がそのデータを見せながら一年前くらいのＴＥＤで話していたことがあるんですけれど、ある学科の五日目時点での問題の正答率をばっと並べてこう言うんです。

この点数の高い人たちはfast runnerで、このあたりの点数が低い人たちがslow runner。だけど、自分はこういうデータを何度も何度も何度も見て、確信をもって言えるんだけれど、このslow runnerの子たちがずっとこうかっていうと、そうじゃない。たまたまこの子たちはベーシックな概念を学んでなかったとか、学び直すのに時間かけてるとか、そういうことだ。いつかは必ずみな、同じレベルに到達する、早いか遅いかだけだ、と。

私は、21世紀スキルというのは、本来そういうものだと思います。誰でも「自分が解きたい」問いをちゃんと見つければ、あとはほっといてもらえば、自分で必要なことを学ぶんだ、ということです。

人が潜在的にもっている学ぶ力は何なのかを、もう一回きちんとプロセスを洗い出して、それを伸ばす。一人ひとり考えて自分で答えをつくるほうが、わけも分からないのに同じやり方をして答えを出すよりもずっとラクなはずなんです。無茶なことを一生懸命やらせてランキングつけているのがいまの教育システムですから。

というふうに考えると、21世紀スキルっていうのは、「使わなくなってしまって錆びついている」人間の本来の力を、ちゃんと使って磨きましょう、ってことだと思うんです。

新しいことだけれど、大丈夫ですよ。五歳の子どもだって、対話の中で学んで、「この人の言うこと信用しよう、この人は信用ならない」って自分で判断できるわけだし、サッカーボールの蹴り方だって練習するうちに変わったりするんですから。

21世紀スキルを始めてみよう――「覚える」のではなく、「実践する」

先日、教育学、教育人間学、育児学の権威でいらっしゃる白梅学園大学長、東京大学名誉教授の汐見先生の講演を一児の母として伺いました。

先生は、**人の「学び」と「成長」の本質は、「実体験なのだ」**と熱く語っておられました。

たとえば、宇宙人が地球にやってきて、あなたにこう質問したとします。

「美しいとは何ですか？」

あなたはどう答えますか？

「キレイ（笑）」？


もちろん、辞書にはそう書いてあるかもしれません。でも、結局、辞書に書いてある言葉は、単なるレトリック。いわば記号にすぎません。

美しいという言葉は、本当に「美しいもの」を実際に見たときの、言葉では表現しきれないわき上がる感情や感覚があって、そしてそれが「美しい」という言葉で表現するものであるということを知って初めて、「自分にとって意味のある言葉」になる。

いくら教科書に書いてあることをたくさん覚えても、自分が体験していないことは、自分にとって意味をもたないんです。だから「知識」にはなるけれど、本当の意味で「学び」にならない。

人生の豊かさや人間としての成長は、記号の蓄積ではなくて、自分にとって意味のある言葉や経験によって培われていくものです。

だから、子どもたちには、単なる「記号」を覚えさせるのではなく、ぜひ豊かな実体験をたくさん積ませてあげてください。

これまで見てきた21世紀スキル――「考える力」「共創する力」「進化する力」が、私たちの中に眠っているものだとしたら、まずはそれを呼び覚まし、学び直し、成長させ始める必要があります。そのためには、「経験」「実体験」を積み重ねるしかないのです。

大事なことは、

自分が「解きたい」問いを見つけること。
ズームインしたりズームアウトしたりしながら、発想を広げて具体的に考えること。
ひとりでやるのではなく、多様な他者を巻き込むこと。まずとにかくやってみること。
やるからには一生懸命やること。
そして何より、一生懸命努力すれば、結構何でもできるものだと自分を信じること

です。

とはいえ、あまり深く悩まず、「とにかくやってみること」から始めましょう。「完璧でなくても、まずは形にしてやってみる」のが21世紀型です。そこで、最初の一歩を踏み出すための八つのステップをつくってみました。

このステップを始めると、21世紀スキルのすべての歯車が回り始めるはずではありますが、あくまで「試作品 ver.1」です。みなさんが実際に実践される中で、適宜必要なところを改良していっていただければと思います。

21世紀スキルを実践する八つのステップ

① 核となる「自分の目指したいもの」をイメージする

STEP1 自分の「好き」×「得意」×「やりたいこと」にとことん向き合う

STEP2 自分の考えをいったんまとめて、何人かの人と壁打ちしてみる

STEP3 自分の世界を広げてみる

②「自分の目指したいもの」を具体的な目標の形にし、考える→共創する→進化するプロセスを回し始める

STEP4 具体的な目標を数字や事実で考えてみる

STEP5 なぜいま、それができていないか、何をすればよいかを考えてみる（ズームイン・ズームアウト）

STEP6 何人かの人と打ち手の可能性をブレーンストーミングする

STEP7 その中で一週間以内で行動に移せることを考えてやってみる

STEP8 やってみた結果を内省し、次のチャレンジをする

では、それぞれのステップについて具体的に説明します。

STEP1

自分の「好き」×「やりたいこと」×「得意」にとことん向き合う

最初にやらなければならないのは、自分自身との対話です。

21世紀の核となる「あなたの目指すもの」を「好き」×「やりたい」×「得意」の軸で探し始めましょう。

できれば、ふだんの日常を離れ、ひとりで少しゆったり考えられる場所に行ってやるのがよいと思います。


まず、紙と鉛筆を用意しましょう。

これからいくつかの質問をしていきますので、あなたの答えを書き出していってみてください。

大事なことは、
ただ考えるだけでなく**「自分の言葉で書いてみること」**。

正解はありません。**感じたことを、そのままますず「書いてみる」**。

そして、いったん書いた自分の答えを眺めて、

・なぜ、そう思うんだろう？
・そう思うきっかけがあったとしたら、
　具体的には、いつ、どんな出来事だっただろう？

と、**自分の答えにつながっている「原体験」を探しあててみる**ことです。

では、始めていきます。

①「好き」に向き合う

▼(過去)あなたが子どものころ好きだった遊びや夢中になったこと・モノは何ですか?

▼(現在)いま、時間を忘れるくらい熱中できることがあるとしたら、それは何ですか?

▼(未来)これからもし、自分がいちばん興味のあること・好きなことを、思う存分勉強できるとしたら、何を勉強したいですか?

②「やりたいこと」に向き合う

▼なぜ、いまの学業や仕事を選んだのですか?その理由と、きっかけとなった原体験を教えてください。

▼いまの自分は、自分のやりたいこと・成し遂げたいことができていると思いますか（仕事／学業・プライベートともに）？

▼自分のやりたいこと、成し遂げたいことができている状態を一〇〇％とすると、いまは何％ですか？

・一〇〇％でない場合、なぜ、一〇〇％ではないのですか？　足りない部分は何ですか？　そう思う理由と、背景にある原体験を教えてください。

・一〇〇％の状態にできたということは、それは具体的に自分が何をできたときですか？

▼あなたの人生の二〇五〇年ビジョンを教えてください。

・二〇五〇年、あなたは何歳ですか？

・そのときまでに、あなたが目指したい世界、成し遂げたいことは何ですか？　それはなぜそう思うのですか？　背景にある原体験・問題意識を教えてください。

▼あなたがそれを成し遂げることには、二〇五〇年の未来をどんなふうに変える潜在的な力があると思いますか？

③「得意」に向き合う

▼あなたが最近、いい意味で「自分らしいな」と思った判断・行動等は何ですか？

▼そのときの判断・行動が「自分らしい」理由は何ですか？

▼あなたがこれまでに乗り越えた最大のチャレンジは何ですか？

・あなたがそのチャレンジを「あなただったから乗り越えられた、やり遂げられれた」理由があるとしたら、何だと思いますか？

▼あなたは、あえて言うなら「何の専門家」ですか？

・二〇五〇年の世界。あなたがさまざまな場所で「議論に参加してほしい、プロジェクトチームの一員になってほしい」と言われるとしたら、その理由は何でしょうか？

STEP2

人と壁打ちしてみる

自分と向き合う対話を終え、いったん考えを深めたら、次は誰かと「壁打ち」をしましょう。

まだ、「好き」も「やりたいこと」も「得意」も、「目指したい世界」も漠然としていると思いますが、それでいいのです。なるべく早い段階で人と「共創」するプロセスを始めましょう。二人で話をしながら、自分自身の「目指したい世界」の輪郭をもう少しクリアにしていくのです。

相手には、あなたのことをよく知っていて、あなたをサポートしてくれる方——たとえば、ご家族、同僚、友人——を選び、彼らの時間を少しもらいましょう。

誰を呼ぶか、どこで話すか、どんな雰囲気にするか……どんな「場」を創るかは、自分で考えてみてください。

では、始めます。

①最初に、「何のための壁打ち」なのか、目的を相手と共有します。

目的は、「あなたが目指したい世界」の輪郭を明確にし、「X年後に自分が成し遂げたいこと＝目標」を言語化することです。

X年のXは、自由に設定してください。ただ、「近いところばかり見ていると船酔いする」時代ですから、基本的には三年以上のスパンで考えてみることをお勧めします。

②相手に、STEP1の答えとそこに至ったあなたの思考プロセスを共有したうえで、あなたに次の三つの「質問」をし続けてもらいます。

・「なぜそう思うのか？」
・「たとえば、具体的には？」
・「いつまでに？」

③相手に自分の話がどう聞こえたか、どう感じたか、フィードバックとアドバイスをもらい、終了します。

STEP3

自分の世界を広げてみる

人と壁打ちをしたら、少し考えがクリアになってきたと思います。

あなたのこれからについて、やりたいこと、興味のあること、関心のあるテーマは見えてきたでしょうか？

ここで、自分の目指したいものや具体的な目標設定につながりそうなもの——やりたいこと、興味のあること、関心のあるテーマに関して、自分がいままで引いていた境界線を超えてみましょう。

それには、次のような方法があります。

・その道を極めている人の話を聞く
・現場を体験してみる
・海外の情報を見てみる

STEP4

具体的な目標を数字や事実で考えてみる

これまでの思考プロセスと、新しい体験を踏まえたうえで、いったん、ものすごく具体的な目標を「数字や事実で語れる」形に落としてみましょう。

「私はX年後までに、XX（現状）をXXX（目指すゴール）にする」

というような、とても具体的な目標です。

達成できた結果を「事実」で確認できるレベルまで落としてください。

未来を具体的に設定する意味でも、現状の数字や事実はきちんと押さえておくこと。

・「いつまでに？」を明確に
・「なぜそれが必要か？」も明確に

STEP5

なぜいま、それができていないか、何をすればよいかを考えてみる（ズームイン・ズームアウト）

▼設定した具体的な「目標」と現状には、どの程度のどんなギャップがありますか？

・目標として設定した数字と、いまできていることの数字のギャップはどれくらいありますか？

・目標として掲げた状態（事実）と、いまできていることの事実を書いて並べてみましょう。さて、どんなギャップがありますか？

▼それらのギャップは、なぜ発生しているかのですか？

・（ズームイン）

ギャップがある理由をいくつかの要因に分解してみましょう。自分自身の問題と自分以外の環境等の問題に分けてみてもいいと思います。

そのうえで「なぜ」その現象が起きているのか、少なくとも五回はＷＨＹを繰り返してみて、その答えを考えて書き出してください。

・（ズームアウト）

さて、いろいろ課題は見えてきたと思いますが、少し全体を俯瞰してみましょう。本当にそれだけでしょうか。ほかにはありませんか？

また、全体を見渡しながら、改めて本質的にいちばんの肝でありそうな問題点は何かを考えてみましょう。

▼何をすれば、そのギャップは埋まりますか？

・（ズームイン）

具体的には？　あなたが明日からアクションできるレベルの具体性をもって考えてみてください。

・（ズームアウト）

ほかにはありませんか？　いままで誰も考えたこともなかった方法で解決するとしたら……という視点でもう一度考えてみましょう。

STEP6

何人かの人とブレーンストーミングして、打ち手の可能性を洗い出す

STEP5であなたが考えたプロセスについて、何人かを巻き込んでブレーンストーミングします。

目指すものは、あなたが設定した目標に対して、あなたが取り得るアクションを可能な限りたくさん出すこと。

「具体的にはどういうことか？」（ズームイン）
「他にはないのか？」（ズームアウト）

を互いに問い続けましょう。

STEP7

その中で一週間以内で行動に移せることを考えて、やってみる

「考えたら、まずはやってみる」ことが大事です。

ですので、準備にものすごく時間のかかる打ち手はやめ、まず一週間以内に行動することを前提に、自分がアクションする打ち手を選びましょう。

大事なのは、自分がワクワクすること、やってみたいと思うこと。

「ひとりでアクションする」ものだけでなく、誰かといっしょにやるか、誰かとのインタラクションのあるものだと、とても効果的です。

STEP8

アクションの結果を振り返って、再チャレンジする

打ち手を選んで、行動に起こしたら、その結果を少し内省してみましょう。

・アクションする前と後で、新しく見えてきたもの、気づいたこと、改めてそうだと思ったことは何ですか?

・あなたの強みと課題は何でしたか?

それらをちゃんと踏まえたうえで、次のアクションにチャレンジしていきましょう。

↓必要に応じて前のステップに戻る

3 自由な翼をもつ
決して正解を探さない

「それで、結局、正解は何だったんですか？」

と、ある企業の研修で、過去非常に難しい経営状況に陥った場面を再現し、「自分だったらどうしていたか」を念入りに議論し、発表していただいたのち、参加者の方から、こういうご質問をいただいたことがありました。

さて、「正解」とは何でしょうか？

過去に実際に行われ、うまくいったことが正解なのでしょうか？

私が痛切に感じるのは、「正解はないのだ」「一からフラットに考えていいのだ」

と、たとえ頭では理解していたとしても、「その場で求められているだろう類の答え」を「想像」しながら考える空気が、そこには依然として少なからず存在し続けている、という現実です。

正解がある世界では、「正解」なのか「不正解」なのかがはっきりしているわけですから、「正解」の数が評価であり、ランキングの指標です。

小学校のときから、算数から図画工作の世界まで、すべてに「正解不正解」「うまい下手」の評価がつき、成績表をもらう時代に育ってきた私たちは、「正解」と言われるたびに自分を肯定された気持ちになり、「不正解」と言われるたびに落ち込んできたわけです。

この**長年培われた「正解を無意識に探す癖」**から抜け出すのは、意外に簡単ではないのかもしれません。

「アートとはコミュニケーションツールである」という考えをもち、企業から個人まで幅広く「描く」ことによるコミュニケーションを推進しているWhiteship社のアーティストKuniさんは、いつもこう言います。

人間は文字を書く前から、クロマニヨン人の時代から、絵を描いてきている。絵を描くことは、自分たちの想いや願いを形にして神に届けるためのコミュニケーション手段でもあった。

そこには、正解も不正解もなく、うまい下手もなかったわけです。そして過去の歴史上、人は一度も描くことをやめたことがない。それほど描くことは、人が生きていくうえでの本能に近いことなのだと思う。

子どもたちは、小学校に上がるまでは誰もが絵を描くことが好きで、「描いちゃダメ」と言ったって喜んで自由に描き続けるのに、小学校に上がった途端に、絵を描くことが嫌いになったり、苦手になったりする。大人になったら絵を描くなんて、二〇年近くしたことありません、という人がほとんどになってしまう……。

私は、21世紀スキルも、絵を描く力と同じなのではないかと思います。

自分が目指すものを自分で考え、具体的に決める。

決めたら、その実現に向けて果敢にチャレンジし、
多様な人々の助けを借りる。
自分自身がその目標に向かって真剣勝負し、
目指す結果を実現するまで、自己進化し続ける。
そして何よりも自分を信じ、やりたいことに向かって情熱を傾ける。

たいへんシンプルなことです。特別な教育を受けなければもち得ない複雑なスキルではありません。

本田圭佑選手や石川遼選手など、本当に世界で活躍する人は、もちろん才能もあったでしょうが、子どものころからそれを実践し続けているのだ、というのが小学校の卒業文集を読むと分かります。

「将来の夢」


ぼくは大人になったら、世界一のサッカー選手になりたい、というより、なる。

世界一になるには、世界一練習しないとダメだ。

だから、今、ぼくはガンバッている。

今はヘタだけれどガンバッて必ず世界一になる。

そして、世界一になったら、大金持ちになって親孝行する。

Wカップで有名になって、ぼくは外国から呼ばれてヨーロッパのセリエAに入団します。

そしてレギュラーになって10番で活躍します。

一年間の給料は40億円はほしいです。

プーマとけいやくしてスパイクやジャンバーを作り、世界中の人が、このぼくが作ったスパイクやジャンバーを買って行ってくれることを夢みている。

一方、世界中のみんなが注目し、世界中で一番さわぐ4年に一度のWカップに出場します。

セリエAで活躍しているぼくは、日本に帰りミーティングをし10番をもらってチームの看板です。
ブラジルと決勝戦をし、2対1でブラジルを破りたいです。
この得点も兄と力を合わせ、世界の強ゴウをうまくかわし、いいパスをだし合って得点を入れることが、ぼくの夢です。

――本田圭佑

人は誰しも、限りなく旺盛なチャレンジ精神と学習能力をもって生まれてきます。私の娘もそうですが、生まれたての赤ん坊は、ほんのわずかな間で物事を理解するようになり、立ったり歩いたりし、言葉を理解し話すようになる。極めて複雑で困難なチャレンジの連続です。

でも彼らは、チャレンジをやめることはしません。足元が狂って転んでも、積み木をうまく積めなくても、新しい挑戦を果敢に続けていく。教えてもいないのに、知らないうちに靴の脱ぎ方や靴の揃え方を覚えているくらい、学びの天才でもあります。

彼らは「正解は何か」を周りに尋ねたりしない。みな、一人ひとり個性があり、興味関心も違いますが、自分らしく自由に生きています。「固定概念」がないので、やることもたいへんクリエイティブです。

ぶつかりながら、やってみながら、自分で考えて取捨選択し、目まぐるしく成長していきます。

誰かが教えなくても、ほかの子どもが泣いていたら「大丈夫?」とでも言うようにかけつけて、頭をポンポンします。言葉が通じなくても、ほかの子どもといっしょに、新しいことに挑戦していきます。

「いやだ」と思えば、誰が何と言おうと「いやだ」という強い意思表示をします。他方で好きこと、気に入ったことは、あきれるくらい何度も何度も繰り返す持久力をもっています。

私たちはいったいいつから、この本来あるはずの自分の個性、創造性、チャレンジ精神、学ぶ力の多くを眠らせて、「正解」や「すぐに結果の出る選択肢」を探し始めてしまうのでしょうか。

21世紀は、「世の中はこう変わるので、これが正解になるはず」というふうに正解を求め続けるには、あまりにも不確実で不安定な時代です。

「正解」という名前の「他の人が過去に出した答え」や「他の人が答えてほしいだろう」答えを探し始めた瞬間に、急激な変化にたちまち混乱し、不安になるだけです。

むしろ、成功例も前例もない激動の時代だからこそ、これまでの固定概念にとらわれず、自分の人生を自分で決め、周りを巻き込み、本来あるはずの自分のエネルギーを、一二〇%使って、進化のループを回すエンジンをかける「絶好のチャンス」なのです。

私たちは、もっともっと自由に生きて、みなで「機関銃をぶっ放し」てもいいんじゃないでしょうか。

誰もが、自分に自信をもち、自分の強みや個性を最大限活かしながら、自分の目指したい世界を創るために自由に考え、学び続ける。そんなキラキラとした個性が、世界中でつながって、化学反応を起こしながら新しいものが生まれていく。

老いも若きも、そんな自由な翼を存分に羽ばたかせている元気な人々ばかりになれば、きっと二〇五〇年の日本は、いまの私たちが想像し得ない進化を遂げる国になっているに違いありません。

二〇五〇年。いまから三六年後。
あなたは何歳ですか？
あなたの子どもは、何歳でしょうか？
そのとき、世界はどうなっているでしょうか？
あなたはそのとき、どんな生き方、
働き方をしていたいですか？

おわりに

二〇五〇年は、偶然にも、私の小さな娘が、母が私を産み、私が娘を産んだ年齢になる年です。

この本を書きながら、そのころ、私は何をしているのか、そのとき私の娘はどんな人生を生きているか、考えを巡らせていました。

私がこの本を書く過程で得た最大の気づきは、21世紀を生き抜いていく娘に私がしてあげられることは、たいへんシンプルなことだということです。

彼女が生まれながらにもっている「生き抜く力」を信じて、自分がその力を削がないように、愛情をもって見守ること。そして、むしろ私自身が彼女から学び、共に進化し続けること。

彼女には、他のどの子どももそうであるように、自分で深く考え、自分で決める力がある。自分なりの創造的なやり方で、多様な人々を巻き込んで物事を変えていく力がある。好奇心旺盛に新しいことにチャレンジし、失敗から学び、進化し続ける力がある。

特に「進化する力の強さ」は、彼女には到底かなわない。このままのエネルギーで進化され続けたら、私などあっという間に追い越されて、置いてきぼりにされてしまうでしょう。

彼女が生まれると同時に立ち上げた子ども向け事業「crechebebe クレッシュベベ」のスタッフも、みな口を揃えてこう言います。

「私たち大人が〈守ってあげなければならない子どもたち〉を世話しているんじゃないんです。私たち大人が、子どもたちからパワーをもらい、学んで進化していっているんです」

「私はサポートでいいんです」と言っていたアシスタントの女性が、「子ども向け事業の統括責任者をやってみたい」と言い出したのも、「やりたいことが分かりません」と言っていたスタッフの一人が「子どもと接することが大人の成長にどれほど寄与するかを研究したい」と言って大学の赤ちゃん学研究室に通い出したのも、みな、身近に見る、日々子どもたちが自由に好奇心旺盛に進化し続ける力に、触発されたからにほかなりません。

母である私が、学んで進化する達人である小さな娘にしてあげられることは、「こういうふうに育ってほしい」「こういうスキルを身につけてほしい」という「いまの時点の私の答え」を教えることではないし、彼女がなるべく「失敗」しないように導いてやることでもない。

私がすべきことは、**彼女が生来持っている、「21世紀を生き抜く力」を信じて、彼女に自分の人生の舵取りを全面的に任せてあげること。**そして、そんな彼女の舵取りを応援できるように、また彼女にとって共に学び新しいものを創ることができるパートナーであり続けられるように、**「私自身が、自分の世界観や実体験を、彼女と〝共創〟しながら広げ続けていくこと」**なのだと思うのです。

振り返ると、田舎で育った世間知らずの私が、いま、ここで、こんなふうに21世紀について考え、それを活字にして発信するという機会をいただけているなど、私を育てていた三六年ほど前の母は、一ミリも想像していなかったろうと思います。

そう考えると、これから三六年後の二〇五〇年の娘の未来も、超高齢社会のど真ん中で生きているだろう私自身の未来も、きっといまの自分の想像をうんと超えたところにあるに違いない、となんだか少し楽しみになります。

そのとき、三六年前に書かれたこの本を娘と二人で読み返し、「やっぱりこのとき想像できなかったくらい、創造的な世界を創れたよね。お互いに」という会話ができるように。

私自身も思い切り考え、共創し、進化し続けていくつもりです。

ここまで、お読みいただき、ありがとうございました。

読者の方の三六年後に、少しでもお役に立てれば幸いです。

二〇五〇年の三六年前の春

佐々木裕子

21世紀を生き抜く3＋1の力

発行日　2014年5月20日　第1刷

Author　佐々木裕子

Book Designer　水戸部 功

Illustrator　新田由紀子

Publication　株式会社ディスカヴァー・トゥエンティワン
〒102-0093 東京都千代田区平河町2-16-1 平河町森タワー11F
TEL　03-3237-8321（代表）
FAX　03-3237-8323
http://www.d21.co.jp

Publisher&Editor　干場弓子

Marketing Group
Staff　小田孝文　中澤泰宏　片平美恵子　吉澤道子　井筒浩　小関勝則
千葉潤子　飯田智樹　佐藤昌幸　谷口奈緒美　山中麻吏　西川なつか
古矢薫　伊藤利文　米山健一　原大士　郭迪　松原史与志
蛯原昇　中山大祐　林拓馬　安永智洋　鍋田匠伴　榊原僚
佐竹祐哉　塔下太朗　廣内悠理　松石悠　安達情未　伊東佑真
梅本翔太　奥田千晶　杉田彰子　田中姫菜　橋本莉奈

Assistant Staff　俵敬子　町田加奈子　丸山香織　小林里美　井澤徳子
橋詰悠子　藤井多穂子　藤井かおり　福岡理恵　葛目美枝子
竹内恵子　熊谷芳美　清水有基栄　小松里絵　川井栄子
伊藤由美　伊藤香　阿部薫　松田惟吹

Operation Group
Staff　松尾幸政　田中亜紀　中村郁子　福永友紀　山﨑あゆみ

Productive Group
Staff　藤田浩芳　千葉正幸　原典宏　林秀樹　石塚理恵子
三谷祐一　石橋和佳　大山聡子　大竹朝子　堀部直人
井上慎平　伍佳妮　リーナ・バールカート　本田千春　木下智尋

Proofreader　文字工房燦光

DTP　アーティザンカンパニー株式会社

Printing　共同印刷株式会社

ISBN978-4-7993-1486-9

ディスカヴァー・レボリューションズ

ノマド化する時代

グローバル化、ボーダレス化、フラット化の世界をいかにサバイブするか？

大石哲之（@tyk97）

本体価格1500円
ISBN:978-4-7993-1305-3

〈ノマド化する時代〉とは、主役が近代国家からグローバル企業・個人に移る新しい中世。組織や個人が世界中に離散する時代。それはまた、国境を自由に超えるグローバル企業を渡り歩く〈ハイパーノマド〉と、いわばグローバル版出稼ぎの〈下層ノマド〉の、超格差社会でもある。このような社会に、僕たちはすでにいやおうなしに巻き込まれている。そこで、いったいどうサバイブしていったらいいのか？　丹念な取材で多くの〈ノマド〉たちをレポートするともに、この時代をノマドとして生きるヒントを説く。

発行日二〇一三年三月一五日／ページ数二六四ページ／四六判並製
電子版は、ディスカヴァーサイト、アマゾン・キンドル、楽天Kobo他で

僕らが元気で長く生きるのに本当はそんなにお金はかからない

投資型医療が日本を救う

武内和久／山本雄士

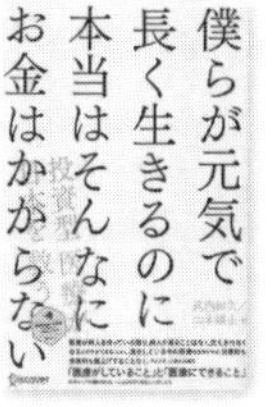

本体価格1600円
ISBN:978-4-7993-1335-0

本書はいわば、全日本国民に向けた「医療啓発本」である。本書を通じて読者は、深刻さを増すばかりの日本の社会状況——このままでは病人が減ることはなく支えきれなくなる日、健保と年金という社会保障費の負担に日本が沈没してしまう日がやがて来る——の中で、わたしたちのとるべき、本質的かつ具体的な医療改革の方向性とその豊かな可能性を知るだろう。すなわち、進化している今の医療を活用すれば、消費税も保険料も値上げもすることなく、今よりずっと病人が減るのだ。現在の病気待ち、治療中心の「トラブル・シューティング型医療」から、健康を効果的に維持・増進する「投資型医療」への転換である。東大医学部、ハーバードビジネススクールの双方で学んだ異色の医療従事者と厚労省からマッキンゼーへの出向を経験した異色の官僚による、現在の医療の課題とそれを救う七つの提言。

発行日二〇一三年六月二五日／ページ数二〇八ページ／四六判並製
電子版は、ディスカヴァーサイト、アマゾン・キンドル、楽天Kobo他で